Le Coin des Petits mots tendres...
Pour y noter mes premières dédicaces ...

CARNET DE SUIVI Bébé à remplir

Coucou c'est moi!	01-02
Mini album photo	03-08
Les Contacts utiles	09-10
Mes Rendez vous à venir	11
La check list de mon Sac à Langer	12
Ma Courbe de Poids	13
0-6 mois: Une si belle aventure	14
Mon suivi quotidien de 0 à 6 mois	15-198
Pages lignées	199-203

(Pour noter d'autres infos utiles)

.... 199
.... 200
.... 201
.... 202
.... 203

DIX PTITS DOIGTS

Je suis né(e) le ...... / ...... / .... à .... h ....
À la maternité de ....

Quelques mots sur ma famille

....
....
....
....

Ce que j'aime le plus c'est

- ♥ ....
- ♥ ....
- ♥ ....
- ♥ ....
- ♥ ....
- ♥ ....
- ♥ ....

Ces Petits rituels qui me rassurent

- ✯ ....
- ✯ ....
- ✯ ....
- ✯ ....
- ✯ ....
- ✯ ....
- ✯ ....

Ma jolie photo des 1 mois

Photo 10 x 15 cm

Mon plus beau souvenir :

....

....

Ma jolie photo des 2 mois

Photo 10 x 15 cm

....

Mon plus beau souvenir :

....

....

Ma jolie photo des 3 mois

Photo 10x 15cm

Mon plus beau souvenir :

....

....

Ma jolie photo des 4 mois

Photo 10 x 15cm

Mon plus beau souvenir :

....

....

....

Ma jolie photo des 5 mois

Photo 10x15cm

Mon plus beau souvenir :

....

....

Ma jolie photo des 6 mois

Photo 10 x 15cm

....

Mon plus beau souvenir :

....

....

Les Contacts utiles

♥ Maman .... Tél … … … …
♥ Papa .... Tél … … … …
Adresse ....
....

>>

♥ Mon Pédiatre .... Tél … … … …
Adresse ....
....

>>

♥ .... Tél … … … …
Adresse ....
....

>>

♥ .... Tél … … … …
Adresse ....
....

>>

♥ .... Tél … … … …
Adresse ....
....

>>

♥ .... Tél … … … …
Adresse ....
....

♥ .... Tél ... ...
Adresse ....
....

>>>

♥ .... Tél ... ...
Adresse ....
....

>>>

♥ .... Tél ... ...
Adresse ....
....

>>>

♥ .... Tél ... ...
Adresse ....
....

>>>

♥ .... Tél ... ...
Adresse ....
....

>>>

♥ .... Tél ... ...
Adresse ....
....

Mes Rendez vous à venir

- ☐ …./…. à …h…. : ……………………………………………………………
- ☐ …./…. à …h…. : ……………………………………………………………
- ☐ …./…. à …h…. : ……………………………………………………………
- ☐ …./…. à …h…. : ……………………………………………………………
- ☐ …./…. à …h…. : ……………………………………………………………
- ☐ …./…. à …h…. : ……………………………………………………………
- ☐ …./…. à …h…. : ……………………………………………………………
- ☐ …./…. à …h…. : ……………………………………………………………
- ☐ …./…. à …h…. : ……………………………………………………………
- ☐ …./…. à …h…. : ……………………………………………………………
- ☐ …./…. à …h…. : ……………………………………………………………
- ☐ …./…. à …h…. : ……………………………………………………………
- ☐ …./…. à …h…. : ……………………………………………………………
- ☐ …./…. à …h…. : ……………………………………………………………
- ☐ …./…. à …h…. : ……………………………………………………………
- ☐ …./…. à …h…. : ……………………………………………………………
- ☐ …./…. à …h…. : ……………………………………………………………
- ☐ …./…. à …h…. : ……………………………………………………………
- ☐ …./…. à …h…. : ……………………………………………………………
- ☐ …./…. à …h…. : ……………………………………………………………
- ☐ …./…. à …h…. : ……………………………………………………………
- ☐ …./…. à …h…. : ……………………………………………………………
- ☐ …./…. à …h…. : ……………………………………………………………

La Check list de mon Sac à langer

✦ Repas :
- ....
- ....
- ....
- ....
- ....
- ....
- ....

✦ Santé :
- ....
- ....
- ....
- ....
- ....
- ....

✦ Eveil :
- ....
- ....
- ....
- ....

✦ Maman/Papa :
- ....
- ....
- ....

✦ Changes :
- ....
- ....
- ....
- ....
- ....
- ....
- ....
- ....

✦ Sommeil :
- ....
- ....
- ....
- ....
- ....
- ....

**✦ **
- ....
- ....
- ....
- ....
- ....

Ma courbe de Poids

Pas d'inquiétude si bébé perd un peu de poids dans les 1ers jours qui suivent la naissance, ce phénomène est normal et votre bébé devrait vite récupérer son poids de naissance.

Une pesée hebdomadaire (toujours sur la même balance) permet de s'assurer que les tétées profitent pleinement à votre bébé (surtout en cas d'allaitement maternelle). Quoiqu'il en soit si vous constatez une cassure dans sa courbe de poids ou si vous avez le moindre doute, n'hésitez pas à consulter votre pédiatre pour qu'il puisse vous conseiller et vous rassurer.

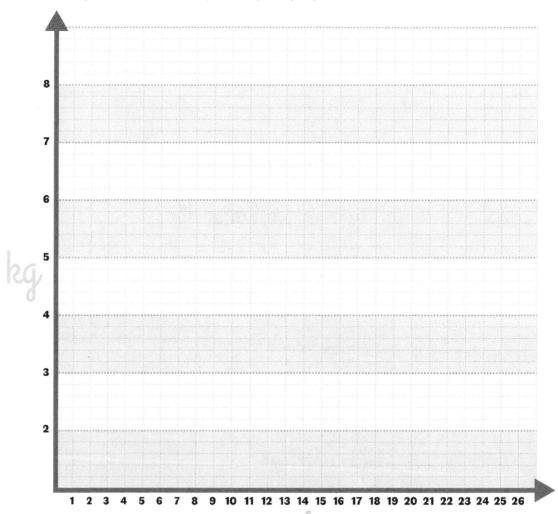

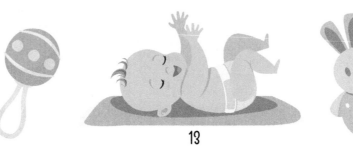

0 - 6 mois : Une si belle aventure..

Afin de pouvoir accompagner bébé tout en douceur voici un résumé des grandes étapes de son développement. Nous tenons à préciser qu'il s'agit de points de repères généraux : chaque bébé reste unique et progresse à son propre rythme.

★ **0 -1 mois :** L'odorat et l'ouïe de bébé sont déjà très développés. Bébé apprécie déjà quand on lui parle pendant ses temps d'éveil mais les pleurs et les cris sont sa seule façon de parler. Il serre automatiquement ses doigts si on stimule la paume de sa main on appelle ce reflexe le « grasping ».
Idée d'activitée: Le « peau à peau » permet une belle complicité avec maman et papa...

★ **1 mois :** Bébé aime beaucoup être porté mais sa nuque a besoin d'être soutenue. Il fixe plus longtemps les visages et s'agite au son de votre voix, c'est le temps des « sourires aux anges » (sourires reflexes qui traduisent un bien être).
Idée d'activitées: écouter de la musique, des mobiles, des hochets, le portage ...

★ **2 mois :** Bébé coordonne mieux ses gestes et peut reconnaître certains objets. Pour vous répondre il gazouille et peut maintenant sourire volontairement. S'il n'a pas faim, sommeil, mal, et si sa couche n'est pas souillée, ses pleurs peuvent aussi traduire un ennui ou simplement son envie d'être avec vous.
Idées d'activitées: Petits massages tout doux, «la ptite bête qui monte » ...

★ **3 mois :** Bébé commence à basculer sur le côté. Il tend la main vers les objets et porte tout ce qu'il attrappe à sa bouche. C'est aussi le début des syllabes «pa » «ma », des sons aigus et des rires aux éclats.
Idées d'activitées: Jouer à « coucou me voilà », les jouets couineurs, se balader...

★ **4 mois :** Bébé voit mieux les couleurs et le relief. Sa vision l'aide à contrôler ses gestes. Il utilise ses 2 mains pour attraper. Son tonus étant meilleur il commence à tenir sa tête et peut même la tourner s'il entend un bruit. Ses nuits deviennent plus longues.
Idées d'activitées : les livres en tissus, les comptines avec des marionnettes...

★ **5 mois :** Bébé aime saisir ses orteils et les porter à la bouche, il essaie de se retourner du dos sur le ventre et vice versa. Il produit plus de sons et aimera vous imiter.
Idées d'activitées: le tapis d'éveil, lui faire des grimaces, ...

★ **6 mois :** Bébé est très actif et contrôle bien ses gestes. Il roule pour se déplacer et peut rester en position assise quelques instants bras tendus devant lui. Il passe les objets d'une main à l'autre. Pour attirer l'attention il pousse des cris et des sons, il vous écoute quand vous l'appelez et reconnait des voix familières.
Idées d'activitées: jeux de bains, souffler des bulles de savons, les petites histoires ...

DATE : …/…/……

Humeur : ☀️ ☁️ ⛈️ 🌙

Activité / Moment de Bonheur:
....
....

Info importante du jour: ....

Mes Changes

Mouillé ☐☐☐☐☐☐☐
Selles ☐☐☐☐☐☐☐
(N: normal/ M: molle/ D: Dure/ ....)

Mes Soins/ Traitements

Crème ☐☐☐☐☐☐☐
Nez ☐ Yeux ☐ Vitamine ☐ Cordon ☐
Bain ☐ Shampoing ☐ .... ☐

....
….h….:
….h….:
….h….:

Mon Allaitement

Heure	Seins G/D	Durée	Biberon
….h….	☐G ☐D	…..min	……..ml
….h….	☐G ☐D	…..min	……..ml
….h….	☐G ☐D	…..min	……..ml
….h….	☐G ☐D	…..min	……..ml
….h….	☐G ☐D	…..min	……..ml
….h….	☐G ☐D	…..min	……..ml
….h….	☐G ☐D	…..min	……..ml
….h….	☐G ☐D	…..min	……..ml
….h….	☐G ☐D	…..min	……..ml
….h….	☐G ☐D	…..min	……..ml

Mon Sommeil

de ….h…. à ….h…. ....
de ….h…. à ….h…. ....
de ….h…. à ….h…. ....
de ….h…. à ….h…. ....
de ….h…. à ….h…. ....
de ….h…. à ….h…. ....
de ….h…. à ….h…. ....
de ….h…. à ….h…. ....

Mes Petites Notes

....
....
....
....
....
....
....
....
....

DATE :
... / ... / ......

Humeur :
Activité / Moment de Bonheur:
....
....

Info importante du jour: ....

Mes Changes

Mouillé ☐☐☐☐☐☐☐
Selles ☐☐☐☐☐☐☐
(N: normal/ M:molle/D:Dure/ ....)

Mes Soins/ Traitements

Crème ☐☐☐☐☐☐☐
Nez ☐ Yeux ☐ Vitamine ☐ Cordon ☐
Bain ☐ Shampoing ☐ .... ☐

....
....h....: ....
....h....: ....
....h....: ....

Mon Allaitement

Heure	Seins G/D	Durée	Biberon
....h....	☐G ☐D	.....min	........ml
....h....	☐G ☐D	.....min	........ml
....h....	☐G ☐D	.....min	........ml
....h....	☐G ☐D	.....min	........ml
....h....	☐G ☐D	.....min	........ml
....h....	☐G ☐D	.....min	........ml
....h....	☐G ☐D	.....min	........ml
....h....	☐G ☐D	.....min	........ml
....h....	☐G ☐D	.....min	........ml
....h....	☐G ☐D	.....min	........ml
....h....	☐G ☐D	.....min	........ml

Mon Sommeil

de ....h.... à ....h.... ....
de ....h.... à ....h.... ....
de ....h.... à ....h.... ....
de ....h.... à ....h.... ....
de ....h.... à ....h.... ....
de ....h.... à ....h.... ....
de ....h.... à ....h.... ....
de ....h.... à ....h.... ....

Mes Petites Notes

....
....
....
....
....
....
....
....
....

DATE : ..../..../......

Humeur :

Activité / Moment de Bonheur:
....
....

Info importante du jour: ....

Mes Changes
Mouillé ☐☐☐☐☐☐☐☐
Selles ☐☐☐☐☐☐☐☐
(N: normal/ M:molle/D:Dure/ ....)

Mes Soins/ Traitements
Crème ☐☐☐☐☐☐☐
Nez ☐ Yeux ☐ Vitamine ☐ Cordon ☐
Bain ☐ Shampoing ☐ ....☐

....
....h....: ....
....h....: ....
....h....: ....

Mon Allaitement
Heure   Seins G/D   Durée   Biberon
....h.... ☐G ☐D   .....min ....ml
....h.... ☐G ☐D   .....min ....ml
....h.... ☐G ☐D   .....min ....ml
....h.... ☐G ☐D   .....min ....ml
....h.... ☐G ☐D   .....min ....ml
....h.... ☐G ☐D   .....min ....ml
....h.... ☐G ☐D   .....min ....ml
....h.... ☐G ☐D   .....min ....ml
....h.... ☐G ☐D   .....min ....ml
....h.... ☐G ☐D   .....min ....ml

Mon Sommeil
de ....h.... à ....h.... ....
de ....h.... à ....h.... ....
de ....h.... à ....h.... ....
de ....h.... à ....h.... ....
de ....h.... à ....h.... ....
de ....h.... à ....h.... ....
de ....h.... à ....h.... ....
de ....h.... à ....h.... ....
de ....h.... à ....h.... ....

Mes Petites Notes
....
....
....
....
....
....
....
....
....

DATE :
... / ... / ......

Humeur :
Activité / Moment de Bonheur:
....
....

Info importante du jour: ....

Mes Changes
Mouillé ☐☐☐☐☐☐☐
Selles ☐☐☐☐☐☐☐
(N: normal/ M:molle/D:Dure/ ....)

Mes Soins/ Traitements
Crème ☐☐☐☐☐☐☐
Nez ☐ Yeux ☐ Vitamine ☐ Cordon ☐
Bain ☐ Shampoing ☐ .... ☐
....h....: ....
....h....: ....
....h....: ....

Mon Allaitement
Heure	Seins G/D	Durée	Biberon
....h....	☐G ☐D	.....min	........ml
....h....	☐G ☐D	.....min	........ml
....h....	☐G ☐D	.....min	........ml
....h....	☐G ☐D	.....min	........ml
....h....	☐G ☐D	.....min	........ml
....h....	☐G ☐D	.....min	........ml
....h....	☐G ☐D	.....min	........ml
....h....	☐G ☐D	.....min	........ml
....h....	☐G ☐D	.....min	........ml
....h....	☐G ☐D	.....min	........ml

Mon Sommeil
de ....h.... à ....h.... ....
de ....h.... à ....h.... ....
de ....h.... à ....h.... ....
de ....h.... à ....h.... ....
de ....h.... à ....h.... ....
de ....h.... à ....h.... ....
de ....h.... à ....h.... ....
de ....h.... à ....h.... ....

Mes Petites Notes
....
....
....
....
....
....
....
....

DATE : ..... / ..... / ....

Humeur :

Activité / Moment de Bonheur:
....
....

Info importante du jour: ....

Mes Changes
Mouillé ☐☐☐☐☐☐☐☐
Selles ☐☐☐☐☐☐☐☐
(N: normal/ M: molle/ D: Dure/ ....)

Mes Soins/ Traitements
Crème ☐☐☐☐☐☐☐☐
Nez ☐ Yeux ☐ Vitamine ☐ Cordon ☐
Bain ☐ Shampoing ☐ .... ☐

....
....h....: ....
....h....: ....
....h....: ....

Mon Allaitement
Heure	Seins G/D	Durée	Biberon
....h....	☐G ☐D	....min	........ml
....h....	☐G ☐D	....min	........ml
....h....	☐G ☐D	....min	........ml
....h....	☐G ☐D	....min	........ml
....h....	☐G ☐D	....min	........ml
....h....	☐G ☐D	....min	........ml
....h....	☐G ☐D	....min	........ml
....h....	☐G ☐D	....min	........ml
....h....	☐G ☐D	....min	........ml
....h....	☐G ☐D	....min	........ml

Mon Sommeil
de ....h.... à ....h.... ....
de ....h.... à ....h.... ....
de ....h.... à ....h.... ....
de ....h.... à ....h.... ....
de ....h.... à ....h.... ....
de ....h.... à ....h.... ....
de ....h.... à ....h.... ....
de ....h.... à ....h.... ....

Mes Petites Notes
....
....
....
....
....
....
....
....

DATE :
... / ... / ......

Humeur :

Activité / Moment de Bonheur:
....
....

Info importante du jour: ....

Mes Changes

Mouillé ☐☐☐☐☐☐☐
Selles ☐☐☐☐☐☐☐
(N: normal/ M: molle/D: Dure/ ....)

Mes Soins/ Traitements

Crème ☐☐☐☐☐☐☐
Nez ☐ Yeux ☐ Vitamine ☐ Cordon ☐
Bain ☐ Shampoing ☐ .... ☐

....h....: ....
....h....: ....
....h....: ....

Mon Allaitement

Heure	Seins G/D	Durée	Biberon
....h....	☐G ☐D	.....min	........ml
....h....	☐G ☐D	.....min	........ml
....h....	☐G ☐D	.....min	........ml
....h....	☐G ☐D	.....min	........ml
....h....	☐G ☐D	.....min	........ml
....h....	☐G ☐D	.....min	........ml
....h....	☐G ☐D	.....min	........ml
....h....	☐G ☐D	.....min	........ml
....h....	☐G ☐D	.....min	........ml
....h....	☐G ☐D	.....min	........ml

Mon Sommeil

de ....h.... à ....h.... ....
de ....h.... à ....h.... ....
de ....h.... à ....h.... ....
de ....h.... à ....h.... ....
de ....h.... à ....h.... ....
de ....h.... à ....h.... ....
de ....h.... à ....h.... ....
de ....h.... à ....h.... ....

Mes Petites Notes

....
....
....
....
....
....
....
....

DATE :
… / … / ……

Humeur :

Activité / Moment de Bonheur:
....
....

Info importante du jour: ....

Mes Changes
Mouillé ☐☐☐☐☐☐☐
Selles ☐☐☐☐☐☐☐
(N: normal/ M:molle/D:Dure/ ....)

Mes Soins/ Traitements
Crème ☐☐☐☐☐☐☐
Nez ☐ Yeux ☐ Vitamine ☐ Cordon ☐
Bain ☐ Shampoing ☐ ....☐

….h….: ....
….h….: ....
….h….: ....

Mon Allaitement

Heure	Seins G/D	Durée	Biberon
….h….	☐G ☐D	…..min	……..ml
….h….	☐G ☐D	…..min	……..ml
….h….	☐G ☐D	…..min	……..ml
….h….	☐G ☐D	…..min	……..ml
….h….	☐G ☐D	…..min	……..ml
….h….	☐G ☐D	…..min	……..ml
….h….	☐G ☐D	…..min	……..ml
….h….	☐G ☐D	…..min	……..ml
….h….	☐G ☐D	…..min	……..ml
….h….	☐G ☐D	…..min	……..ml

Mon Sommeil

de ….h…. à ….h…. ....
de ….h…. à ….h…. ....
de ….h…. à ….h…. ....
de ….h…. à ….h…. ....
de ….h…. à ….h…. ....
de ….h…. à ….h…. ....
de ….h…. à ….h…. ....
de ….h…. à ….h…. ....

Mes Petites Notes

....
....
....
....
....
....
....
....

DATE :
… / … / ……

Humeur :

Activité / Moment de Bonheur:
....
....

Info importante du jour: ....

Mes Changes

Mouillé ☐☐☐☐☐☐☐
Selles ☐☐☐☐☐☐☐
(N: normal/ M: molle/ D: Dure/ ....)

Mes Soins/ Traitements

Crème ☐☐☐☐☐☐☐
Nez ☐ Yeux ☐ Vitamine ☐ Cordon ☐
Bain ☐ Shampoing ☐ .... ☐

….h….: ....
….h….: ....
….h….: ....

Mon Allaitement

Heure	Seins G/D	Durée	Biberon
….h….	☐G ☐D	…..min	……..ml
….h….	☐G ☐D	…..min	……..ml
….h….	☐G ☐D	…..min	……..ml
….h….	☐G ☐D	…..min	……..ml
….h….	☐G ☐D	…..min	……..ml
….h….	☐G ☐D	…..min	……..ml
….h….	☐G ☐D	…..min	……..ml
….h….	☐G ☐D	…..min	……..ml
….h….	☐G ☐D	…..min	……..ml
….h….	☐G ☐D	…..min	……..ml

Mon Sommeil

de ….h…. à ….h…. ....
de ….h…. à ….h…. ....
de ….h…. à ….h…. ....
de ….h…. à ….h…. ....
de ….h…. à ….h…. ....
de ….h…. à ….h…. ....
de ….h…. à ….h…. ....
de ….h…. à ….h…. ....

Mes Petites Notes

....
....
....
....
....
....
....
....

DATE : ... / ... / ......

Humeur : ☀️ 🌧️ 💢 🌙

Activité / Moment de Bonheur:
....
....

Info importante du jour: ....

Mes Changes

Mouillé ☐☐☐☐☐☐☐
Selles ☐☐☐☐☐☐☐
(N: normal/ M: molle/ D: Dure/ ....)

Mes Soins/ Traitements

Crème ☐☐☐☐☐☐☐
Nez ☐ Yeux ☐ Vitamine ☐ Cordon ☐
Bain ☐ Shampoing ☐ .... ☐

....
....h....: ....
....h....: ....
....h....: ....

Mon Allaitement

Heure	Seins G/D	Durée	Biberon
....h....	☐G ☐D	....min	........ml
....h....	☐G ☐D	....min	........ml
....h....	☐G ☐D	....min	........ml
....h....	☐G ☐D	....min	........ml
....h....	☐G ☐D	....min	........ml
....h....	☐G ☐D	....min	........ml
....h....	☐G ☐D	....min	........ml
....h....	☐G ☐D	....min	........ml
....h....	☐G ☐D	....min	........ml
....h....	☐G ☐D	....min	........ml

Mon Sommeil

de ....h.... à ....h.... ....
de ....h.... à ....h.... ....
de ....h.... à ....h.... ....
de ....h.... à ....h.... ....
de ....h.... à ....h.... ....
de ....h.... à ....h.... ....
de ....h.... à ....h.... ....
de ....h.... à ....h.... ....

Mes Petites Notes

....
....
....
....
....
....
....
....
....

DATE :
.... / .... / ......

Humeur :
Activité / Moment de Bonheur:
....
....

Info importante du jour: ....

Mes Changes

Mouillé ☐ ☐ ☐ ☐ ☐ ☐ ☐ ☐
Selles ☐ ☐ ☐ ☐ ☐ ☐ ☐ ☐
(N: normal/ M:molle/D:Dure/ ....)

Mes Soins/ Traitements

Crème ☐ ☐ ☐ ☐ ☐ ☐ ☐ ☐
Nez ☐ Yeux ☐ Vitamine ☐ Cordon ☐
Bain ☐ Shampoing ☐ .... ☐

....h....: ....
....h....: ....
....h....: ....

Mon Allaitement

Heure	Seins G/D	Durée	Biberon
....h....	☐ G ☐ D	.....min	........ml
....h....	☐ G ☐ D	.....min	........ml
....h....	☐ G ☐ D	.....min	........ml
....h....	☐ G ☐ D	.....min	........ml
....h....	☐ G ☐ D	.....min	........ml
....h....	☐ G ☐ D	.....min	........ml
....h....	☐ G ☐ D	.....min	........ml
....h....	☐ G ☐ D	.....min	........ml
....h....	☐ G ☐ D	.....min	........ml
....h....	☐ G ☐ D	.....min	........ml
....h....	☐ G ☐ D	.....min	........ml

Mon Sommeil

de ....h.... à ....h.... ....
de ....h.... à ....h.... ....
de ....h.... à ....h.... ....
de ....h.... à ....h.... ....
de ....h.... à ....h.... ....
de ....h.... à ....h.... ....
de ....h.... à ....h.... ....
de ....h.... à ....h.... ....

Mes Petites Notes

....
....
....
....
....
....
....
....

DATE :
.... / .... / ......

Humeur :

Activité / Moment de Bonheur:
....
....

Info importante du jour: ....

Mes Changes

Mouillé ☐☐☐☐☐☐☐☐
Selles ☐☐☐☐☐☐☐☐
(N: normal/ M:molle/D:Dure/ ....)

Mes Soins/ Traitements

Crème ☐☐☐☐☐☐☐☐
Nez ☐ Yeux ☐ Vitamine ☐ Cordon ☐
Bain ☐ Shampoing ☐ .... ☐

....
....h....:
....h....:
....h....:

Mon Allaitement

Heure	Seins G/D	Durée	Biberon
....h....	☐G ☐D	.....min	........ml
....h....	☐G ☐D	.....min	........ml
....h....	☐G ☐D	.....min	........ml
....h....	☐G ☐D	.....min	........ml
....h....	☐G ☐D	.....min	........ml
....h....	☐G ☐D	.....min	........ml
....h....	☐G ☐D	.....min	........ml
....h....	☐G ☐D	.....min	........ml
....h....	☐G ☐D	.....min	........ml
....h....	☐G ☐D	.....min	........ml

Mon Sommeil

de ....h.... à ....h.... ....
de ....h.... à ....h.... ....
de ....h.... à ....h.... ....
de ....h.... à ....h.... ....
de ....h.... à ....h.... ....
de ....h.... à ....h.... ....
de ....h.... à ....h.... ....
de ....h.... à ....h.... ....

Mes Petites Notes

....
....
....
....
....
....
....
....

DATE :
… / … / ……

Humeur :
Activité / Moment de Bonheur:
....
....

Info importante du jour: ....

Mes Changes

Mouillé ☐☐☐☐☐☐☐
Selles ☐☐☐☐☐☐☐
(N: normal/ M:molle/D:Dure/ ....)

Mes Soins/ Traitements

Crème ☐☐☐☐☐☐☐
Nez ☐ Yeux ☐ Vitamine ☐ Cordon ☐
Bain ☐ Shampoing ☐ ....☐

…h…: ....
…h…: ....
…h…: ....

Mon Allaitement

Heure	Seins G/D	Durée	Biberon
…h…	☐G ☐D	…..min	……..ml
…h…	☐G ☐D	…..min	……..ml
…h…	☐G ☐D	…..min	……..ml
…h…	☐G ☐D	…..min	……..ml
…h…	☐G ☐D	…..min	……..ml
…h…	☐G ☐D	…..min	……..ml
…h…	☐G ☐D	…..min	……..ml
…h…	☐G ☐D	…..min	……..ml
…h…	☐G ☐D	…..min	……..ml
…h…	☐G ☐D	…..min	……..ml

Mon Sommeil

de …h… à …h… ....
de …h… à …h… ....
de …h… à …h… ....
de …h… à …h… ....
de …h… à …h… ....
de …h… à …h… ....
de …h… à …h… ....
de …h… à …h… ....

Mes Petites Notes

....
....
....
....
....
....
....
....
....
....

DATE :
… / … / ……

Humeur :
Activité / Moment de Bonheur:
....
....

Info importante du jour: ....

Mes Changes

Mouillé ☐☐☐☐☐☐☐
Selles ☐☐☐☐☐☐☐
(N: normal/ M:molle/D:Dure/ ....)

Mes Soins/ Traitements

Crème ☐☐☐☐☐☐☐
Nez ☐ Yeux ☐ Vitamine ☐ Cordon ☐
Bain ☐ Shampoing ☐ .... ☐

....
…h…: ....
…h…: ....
…h…: ....

Mon Allaitement

Heure	Seins G/D	Durée	Biberon
…h…	☐G ☐D	…..min	……..ml
…h…	☐G ☐D	…..min	……..ml
…h…	☐G ☐D	…..min	……..ml
…h…	☐G ☐D	…..min	……..ml
…h…	☐G ☐D	…..min	……..ml
…h…	☐G ☐D	…..min	……..ml
…h…	☐G ☐D	…..min	……..ml
…h…	☐G ☐D	…..min	……..ml
…h…	☐G ☐D	…..min	……..ml
…h…	☐G ☐D	…..min	……..ml

Mon Sommeil

de …h… à …h… ....
de …h… à …h… ....
de …h… à …h… ....
de …h… à …h… ....
de …h… à …h… ....
de …h… à …h… ....
de …h… à …h… ....
de …h… à …h… ....

Mes Petites Notes

....
....
....
....
....
....
....
....

DATE :
..... / ..... / ....

Humeur : ☀ ☁ ⛈ 🌙

Activité / Moment de Bonheur:
....
....

Info importante du jour: ....

Mes Changes

Mouillé ☐☐☐☐☐☐☐
Selles ☐☐☐☐☐☐☐
(N: normal/ M: molle/ D: Dure/ ....)

Mes Soins/ Traitements

Crème ☐☐☐☐☐☐☐
Nez ☐ Yeux ☐ Vitamine ☐ Cordon ☐
Bain ☐ Shampoing ☐ .... ☐

....h....: ....
....h....: ....
....h....: ....

Mon Allaitement

Heure	Seins G/D	Durée	Biberon
....h....	☐G ☐D	.....min	........ml
....h....	☐G ☐D	.....min	........ml
....h....	☐G ☐D	.....min	........ml
....h....	☐G ☐D	.....min	........ml
....h....	☐G ☐D	.....min	........ml
....h....	☐G ☐D	.....min	........ml
....h....	☐G ☐D	.....min	........ml
....h....	☐G ☐D	.....min	........ml
....h....	☐G ☐D	.....min	........ml
....h....	☐G ☐D	.....min	........ml
....h....	☐G ☐D	.....min	........ml

Mon Sommeil

de ....h.... à ....h.... ....
de ....h.... à ....h.... ....
de ....h.... à ....h.... ....
de ....h.... à ....h.... ....
de ....h.... à ....h.... ....
de ....h.... à ....h.... ....
de ....h.... à ....h.... ....
de ....h.... à ....h.... ....

Mes Petites Notes

....
....
....
....
....
....
....
....
....

DATE :
… / … / ……

Humeur :

Activité / Moment de Bonheur :
....
....

Info importante du jour : ....

Mes Changes

Mouillé ☐☐☐☐☐☐☐
Selles ☐☐☐☐☐☐☐
(N: normal/ M: molle/ D: Dure/ ....)

Mes Soins / Traitements

Crème ☐☐☐☐☐☐☐
Nez ☐ Yeux ☐ Vitamine ☐ Cordon ☐
Bain ☐ Shampoing ☐ .... ☐

....h....: ....
....h....: ....
....h....: ....

Mon Allaitement

Heure	Seins G/D	Durée	Biberon
…h…	☐G ☐D	…min	…….ml
…h…	☐G ☐D	…min	…….ml
…h…	☐G ☐D	…min	…….ml
…h…	☐G ☐D	…min	…….ml
…h…	☐G ☐D	…min	…….ml
…h…	☐G ☐D	…min	…….ml
…h…	☐G ☐D	…min	…….ml
…h…	☐G ☐D	…min	…….ml
…h…	☐G ☐D	…min	…….ml
…h…	☐G ☐D	…min	…….ml

Mon Sommeil

de ....h.... à ....h.... ....
de ....h.... à ....h.... ....
de ....h.... à ....h.... ....
de ....h.... à ....h.... ....
de ....h.... à ....h.... ....
de ....h.... à ....h.... ....
de ....h.... à ....h.... ....
de ....h.... à ....h.... ....

Mes Petites Notes

....
....
....
....
....
....
....
....

DATE :
… / … / ……

Humeur :

Activité / Moment de Bonheur:
....
....

Info importante du jour: ....

Mes Changes
Mouillé ☐☐☐☐☐☐☐☐
Selles ☐☐☐☐☐☐☐☐
(N: normal/ M:molle/D:Dure/ ....)

Mes Soins/ Traitements
Crème ☐☐☐☐☐☐☐☐
Nez ☐ Yeux ☐ Vitamine ☐ Cordon ☐
Bain ☐ Shampoing ☐ .... ☐

....h....: ....
....h....: ....
....h....: ....

Mon Allaitement
Heure   Seins G/D   Durée   Biberon
....h....   ☐G ☐D   .....min   ....ml
....h....   ☐G ☐D   .....min   ....ml
....h....   ☐G ☐D   .....min   ....ml
....h....   ☐G ☐D   .....min   ....ml
....h....   ☐G ☐D   .....min   ....ml
....h....   ☐G ☐D   .....min   ....ml
....h....   ☐G ☐D   .....min   ....ml
....h....   ☐G ☐D   .....min   ....ml
....h....   ☐G ☐D   .....min   ....ml
....h....   ☐G ☐D   .....min   ....ml

Mon Sommeil
de ...h.... à ....h.... ....
de ...h.... à ....h.... ....
de ...h.... à ....h.... ....
de ...h.... à ....h.... ....
de ...h.... à ....h.... ....
de ...h.... à ....h.... ....
de ...h.... à ....h.... ....
de ...h.... à ....h.... ....

Mes Petites Notes
....
....
....
....
....
....
....
....
....

DATE : ..../..../......

Humeur :
Activité / Moment de Bonheur:
....
....

Info importante du jour: ....

Mes Changes

Mouillé ☐☐☐☐☐☐☐
Selles ☐☐☐☐☐☐☐
(N: normal/ M: molle/D: Dure/ ....)

Mes Soins/ Traitements

Crème ☐☐☐☐☐☐☐
Nez ☐ Yeux ☐ Vitamine ☐ Cordon ☐
Bain ☐ Shampoing ☐ ....☐

....
....h....: ....
....h....: ....
....h....: ....

Mon Allaitement

Heure	Seins G/D	Durée	Biberon
....h....	☐G ☐D	.....min	........ml
....h....	☐G ☐D	.....min	........ml
....h....	☐G ☐D	.....min	........ml
....h....	☐G ☐D	.....min	........ml
....h....	☐G ☐D	.....min	........ml
....h....	☐G ☐D	.....min	........ml
....h....	☐G ☐D	.....min	........ml
....h....	☐G ☐D	.....min	........ml
....h....	☐G ☐D	.....min	........ml
....h....	☐G ☐D	.....min	........ml

Mon Sommeil

de ....h.... à ....h.... ....
de ....h.... à ....h.... ....
de ....h.... à ....h.... ....
de ....h.... à ....h.... ....
de ....h.... à ....h.... ....
de ....h.... à ....h.... ....
de ....h.... à ....h.... ....
de ....h.... à ....h.... ....

Mes Petites Notes

....
....
....
....
....
....
....
....

DATE :
... / ... / ......

Humeur :
Activité / Moment de Bonheur:
....
....

Info importante du jour: ....

Mes Changes

Mouillé ☐☐☐☐☐☐☐☐
Selles ☐☐☐☐☐☐☐☐
(N: normal/ M: molle/ D: Dure/ ....)

Mes Soins/ Traitements

Crème ☐☐☐☐☐☐☐☐
Nez ☐ Yeux ☐ Vitamine ☐ Cordon ☐
Bain ☐ Shampoing ☐ .... ☐

....h....: ....
....h....: ....
....h....: ....

Mon Allaitement

Heure	Seins G/D	Durée	Biberon
....h....	☐G ☐D	.....min	........ml
....h....	☐G ☐D	.....min	........ml
....h....	☐G ☐D	.....min	........ml
....h....	☐G ☐D	.....min	........ml
....h....	☐G ☐D	.....min	........ml
....h....	☐G ☐D	.....min	........ml
....h....	☐G ☐D	.....min	........ml
....h....	☐G ☐D	.....min	........ml
....h....	☐G ☐D	.....min	........ml
....h....	☐G ☐D	.....min	........ml

Mon Sommeil

de ....h.... à ....h.... ....
de ....h.... à ....h.... ....
de ....h.... à ....h.... ....
de ....h.... à ....h.... ....
de ....h.... à ....h.... ....
de ....h.... à ....h.... ....
de ....h.... à ....h.... ....
de ....h.... à ....h.... ....

Mes Petites Notes

....
....
....
....
....
....
....
....

DATE :
..... / ..... / ....

Humeur :

Activité / Moment de Bonheur:
....
....

Info importante du jour: ....

Mes Changes

Mouillé ☐☐☐☐☐☐☐☐
Selles ☐☐☐☐☐☐☐☐
(N: normal/ M:molle/D:Dure/ ....)

Mes Soins/ Traitements

Crème ☐☐☐☐☐☐☐☐
Nez ☐ Yeux ☐ Vitamine ☐ Cordon ☐
Bain ☐ Shampoing ☐ .... ☐

....
....h....:
....h....:
....h....:

Mon Allaitement

Heure	Seins G/D	Durée	Biberon
....h....	☐G ☐D	.....min	........ml
....h....	☐G ☐D	.....min	........ml
....h....	☐G ☐D	.....min	........ml
....h....	☐G ☐D	.....min	........ml
....h....	☐G ☐D	.....min	........ml
....h....	☐G ☐D	.....min	........ml
....h....	☐G ☐D	.....min	........ml
....h....	☐G ☐D	.....min	........ml
....h....	☐G ☐D	.....min	........ml
....h....	☐G ☐D	.....min	........ml

Mon Sommeil

de ....h.... à ....h.... ....
de ....h.... à ....h.... ....
de ....h.... à ....h.... ....
de ....h.... à ....h.... ....
de ....h.... à ....h.... ....
de ....h.... à ....h.... ....
de ....h.... à ....h.... ....
de ....h.... à ....h.... ....

Mes Petites Notes

....
....
....
....
....
....
....
....

DATE :
… / … / ……

Humeur :
Activité / Moment de Bonheur:
....
....

Info importante du jour: ....

Mes Changes

Mouillé ☐☐☐☐☐☐☐☐
Selles ☐☐☐☐☐☐☐☐
(N: normal/ M:molle/D:Dure/ ....)

Mes Soins/ Traitements

Crème ☐☐☐☐☐☐☐☐
Nez ☐ Yeux ☐ Vitamine ☐ Cordon ☐
Bain ☐ Shampoing ☐ ....☐

….h….:
….h….:
….h….:

Mon Allaitement

Heure	Seins G/D	Durée	Biberon
….h….	☐G ☐D	…..min	……..ml
….h….	☐G ☐D	…..min	……..ml
….h….	☐G ☐D	…..min	……..ml
….h….	☐G ☐D	…..min	……..ml
….h….	☐G ☐D	…..min	……..ml
….h….	☐G ☐D	…..min	……..ml
….h….	☐G ☐D	…..min	……..ml
….h….	☐G ☐D	…..min	……..ml
….h….	☐G ☐D	…..min	……..ml
….h….	☐G ☐D	…..min	……..ml

Mon Sommeil

de ….h…. à ….h…. ....
de ….h…. à ….h…. ....
de ….h…. à ….h…. ....
de ….h…. à ….h…. ....
de ….h…. à ….h…. ....
de ….h…. à ….h…. ....
de ….h…. à ….h…. ....
de ….h…. à ….h…. ....

Mes Petites Notes

....
....
....
....
....
....
....
....

DATE :
..... / ..... / ....

Humeur :

Activité / Moment de Bonheur :
....
....

Info importante du jour : ....

Mes Changes

Mouillé ☐☐☐☐☐☐☐☐
Selles ☐☐☐☐☐☐☐☐
(N: normal/ M: molle/ D: Dure/ ....)

Mes Soins/ Traitements

Crème ☐☐☐☐☐☐☐
Nez ☐ Yeux ☐ Vitamine ☐ .... ☐
Bain ☐ Shampoing ☐ .... ☐

....
....h... : ....
....h... : ....
....h... : ....

Mon Allaitement

Heure	Seins G/D	Durée	Biberon
....h....	☐G ☐D	.....min	........ml
....h....	☐G ☐D	.....min	........ml
....h....	☐G ☐D	.....min	........ml
....h....	☐G ☐D	.....min	........ml
....h....	☐G ☐D	.....min	........ml
....h....	☐G ☐D	.....min	........ml
....h....	☐G ☐D	.....min	........ml
....h....	☐G ☐D	.....min	........ml
....h....	☐G ☐D	.....min	........ml
....h....	☐G ☐D	.....min	........ml
....h....	☐G ☐D	.....min	........ml

Mon Sommeil

de ....h.... à ....h.... ....
de ....h.... à ....h.... ....
de ....h.... à ....h.... ....
de ....h.... à ....h.... ....
de ....h.... à ....h.... ....
de ....h.... à ....h.... ....
de ....h.... à ....h.... ....
de ....h.... à ....h.... ....

Mes Petites Notes

....
....
....
....
....
....
....
....

DATE :
... / ... / ......

Humeur :
Activité / Moment de Bonheur:
....
....

Info importante du jour: ....

Mes Changes

Mouillé ☐☐☐☐☐☐☐
Selles ☐☐☐☐☐☐☐
(N: normal/ M:molle/D:Dure/ ....)

Mes Soins/ Traitements

Crème ☐☐☐☐☐☐☐
Nez ☐ Yeux ☐ Vitamine ☐ .... ☐
Bain ☐ Shampoing ☐ .... ☐

....
....h....: ....
....h....: ....
....h....: ....

Mon Allaitement

Heure	Seins G/D	Durée	Biberon
....h....	☐G ☐D	.....min	........ml
....h....	☐G ☐D	.....min	........ml
....h....	☐G ☐D	.....min	........ml
....h....	☐G ☐D	.....min	........ml
....h....	☐G ☐D	.....min	........ml
....h....	☐G ☐D	.....min	........ml
....h....	☐G ☐D	.....min	........ml
....h....	☐G ☐D	.....min	........ml
....h....	☐G ☐D	.....min	........ml
....h....	☐G ☐D	.....min	........ml
....h....	☐G ☐D	.....min	........ml

Mon Sommeil

de ....h.... à ....h.... ....
de ....h.... à ....h.... ....
de ....h.... à ....h.... ....
de ....h.... à ....h.... ....
de ....h.... à ....h.... ....
de ....h.... à ....h.... ....
de ....h.... à ....h.... ....
de ....h.... à ....h.... ....

Mes Petites Notes

....
....
....
....
....
....
....
....
....

DATE :
… / … / ……

Humeur :

Activité / Moment de Bonheur:
....
....

Info importante du jour: ....

Mes Changes

Mouillé ☐☐☐☐☐☐☐☐
Selles ☐☐☐☐☐☐☐☐
(N: normal/ M: molle/ D: Dure/ ....)

Mes Soins/ Traitements

Crème ☐☐☐☐☐☐☐☐
Nez ☐ Yeux ☐ Vitamine ☐ .... ☐
Bain ☐ Shampoing ☐ .... ☐

....
…h…. :
…h…. :
…h…. :

Mon Allaitement

Heure   Seins G/D   Durée   Biberon
…h…   ☐G ☐D   …..min   ……..ml
…h…   ☐G ☐D   …..min   ……..ml
…h…   ☐G ☐D   …..min   ……..ml
…h…   ☐G ☐D   …..min   ……..ml
…h…   ☐G ☐D   …..min   ……..ml
…h…   ☐G ☐D   …..min   ……..ml
…h…   ☐G ☐D   …..min   ……..ml
…h…   ☐G ☐D   …..min   ……..ml
…h…   ☐G ☐D   …..min   ……..ml
…h…   ☐G ☐D   …..min   ……..ml
…h…   ☐G ☐D   …..min   ……..ml

Mon Sommeil

de …h… à …h… ....
de …h… à …h… ....
de …h… à …h… ....
de …h… à …h… ....
de …h… à …h… ....
de …h… à …h… ....
de …h… à …h… ....
de …h… à …h… ....

Mes Petites Notes

....
....
....
....
....
....
....
....

DATE :
… / … / ……

Humeur :
Activité / Moment de Bonheur:
....
....

Info importante du jour: ....

Mes Changes

Mouillé ☐☐☐☐☐☐☐☐
Selles ☐☐☐☐☐☐☐☐
(N: normal/ M: molle/ D: Dure/ ....)

Mes Soins/ Traitements

Crème ☐☐☐☐☐☐☐☐
Nez ☐ Yeux ☐ Vitamine ☐ .... ☐
Bain ☐ Shampoing ☐ .... ☐

….h….: ....
….h….: ....
….h….: ....

Mon Allaitement

Heure	Seins G/D	Durée	Biberon
….h….	☐G ☐D	…..min	……..ml
….h….	☐G ☐D	…..min	……..ml
….h….	☐G ☐D	…..min	……..ml
….h….	☐G ☐D	…..min	……..ml
….h….	☐G ☐D	…..min	……..ml
….h….	☐G ☐D	…..min	……..ml
….h….	☐G ☐D	…..min	……..ml
….h….	☐G ☐D	…..min	……..ml
….h….	☐G ☐D	…..min	……..ml
….h….	☐G ☐D	…..min	……..ml

Mon Sommeil

de ….h…. à ….h…. ....
de ….h…. à ….h…. ....
de ….h…. à ….h…. ....
de ….h…. à ….h…. ....
de ….h…. à ….h…. ....
de ….h…. à ….h…. ....
de ….h…. à ….h…. ....
de ….h…. à ….h…. ....

Mes Petites Notes

....
....
....
....
....
....
....
....
....

DATE : ... / ... / ......

Humeur :

Activité / Moment de Bonheur:
....
....

Info importante du jour: ....

Mes Changes
Mouillé ☐☐☐☐☐☐☐
Selles ☐☐☐☐☐☐☐
(N: normal/ M:molle/D:Dure/ ....)

Mes Soins/ Traitements
Crème ☐☐☐☐☐☐☐
Nez ☐ Yeux ☐ Vitamine ☐ .... ☐
Bain ☐ Shampoing ☐ .... ☐

....
...h....:
...h....:
...h....:

Mon Allaitement
Heure	Seins G/D	Durée	Biberon
...h....	☐G ☐D	.....min	........ml
...h....	☐G ☐D	.....min	........ml
...h....	☐G ☐D	.....min	........ml
...h....	☐G ☐D	.....min	........ml
...h....	☐G ☐D	.....min	........ml
...h....	☐G ☐D	.....min	........ml
...h....	☐G ☐D	.....min	........ml
...h....	☐G ☐D	.....min	........ml
...h....	☐G ☐D	.....min	........ml
...h....	☐G ☐D	.....min	........ml

Mon Sommeil
de ...h... à ...h.... ....
de ...h... à ...h.... ....
de ...h... à ...h.... ....
de ...h... à ...h.... ....
de ...h... à ...h.... ....
de ...h... à ...h.... ....
de ...h... à ...h.... ....
de ...h... à ...h.... ....

Mes Petites Notes
....
....
....
....
....
....
....
....

DATE :
… / … / ……

Humeur :
Activité / Moment de Bonheur:
....
....

Info importante du jour: ....

Mes Changes

Mouillé ☐☐☐☐☐☐☐
Selles ☐☐☐☐☐☐☐
(N: normal/ M:molle/D:Dure/ ....)

Mes Soins/ Traitements

Crème ☐☐☐☐☐☐☐
Nez ☐ Yeux ☐ Vitamine ☐ .... ☐
Bain ☐ Shampoing ☐ .... ☐

....
….h….:
….h….:
….h….:

Mon Allaitement

Heure	Seins G/D	Durée	Biberon
….h….	☐G ☐D	…..min	……..ml
….h….	☐G ☐D	…..min	……..ml
….h….	☐G ☐D	…..min	……..ml
….h….	☐G ☐D	…..min	……..ml
….h….	☐G ☐D	…..min	……..ml
….h….	☐G ☐D	…..min	……..ml
….h….	☐G ☐D	…..min	……..ml
….h….	☐G ☐D	…..min	……..ml
….h….	☐G ☐D	…..min	……..ml
….h….	☐G ☐D	…..min	……..ml

Mon Sommeil

de ….h…. à ….h…. ....
de ….h…. à ….h…. ....
de ….h…. à ….h…. ....
de ….h…. à ….h…. ....
de ….h…. à ….h…. ....
de ….h…. à ….h…. ....
de ….h…. à ….h…. ....
de ….h…. à ….h…. ....

Mes Petites Notes

....
....
....
....
....
....
....
....

DATE : ... / ... / ......

Humeur :

Activité / Moment de Bonheur:
....
....

Info importante du jour: ....

Mes Changes

Mouillé ☐☐☐☐☐☐☐
Selles ☐☐☐☐☐☐☐
(N: normal/ M:molle/D:Dure/ ....)

Mes Soins/ Traitements

Crème ☐☐☐☐☐☐☐
Nez ☐ Yeux ☐ Vitamine ☐ .... ☐
Bain ☐ Shampoing ☐ .... ☐

....
....h....:
....h....:
....h....:

Mon Allaitement

Heure	Seins G/D	Durée	Biberon
....h....	☐G ☐D	.....min	........ml
....h....	☐G ☐D	.....min	........ml
....h....	☐G ☐D	.....min	........ml
....h....	☐G ☐D	.....min	........ml
....h....	☐G ☐D	.....min	........ml
....h....	☐G ☐D	.....min	........ml
....h....	☐G ☐D	.....min	........ml
....h....	☐G ☐D	.....min	........ml
....h....	☐G ☐D	.....min	........ml
....h....	☐G ☐D	.....min	........ml

Mon Sommeil

de ....h.... à ....h.... ....
de ....h.... à ....h.... ....
de ....h.... à ....h.... ....
de ....h.... à ....h.... ....
de ....h.... à ....h.... ....
de ....h.... à ....h.... ....
de ....h.... à ....h.... ....
de ....h.... à ....h.... ....

Mes Petites Notes

....
....
....
....
....
....
....
....

DATE :
.../ ... / ......

Humeur :
Activité / Moment de Bonheur:
....
....

Info importante du jour: ....

Mes Changes

Mouillé ☐☐☐☐☐☐☐☐
Selles ☐☐☐☐☐☐☐☐
(N: normal/ M:molle/D:Dure/ ....)

Mes Soins/ Traitements

Crème ☐☐☐☐☐☐☐
Nez ☐ Yeux ☐ Vitamine ☐ .... ☐
Bain ☐ Shampoing ☐ .... ☐

....h....: ....
....h....: ....
....h....: ....

Mon Allaitement

Heure   Seins G/D   Durée   Biberon
....h.... ☐G ☐D .....min ....ml
....h.... ☐G ☐D .....min ....ml
....h.... ☐G ☐D .....min ....ml
....h.... ☐G ☐D .....min ....ml
....h.... ☐G ☐D .....min ....ml
....h.... ☐G ☐D .....min ....ml
....h.... ☐G ☐D .....min ....ml
....h.... ☐G ☐D .....min ....ml
....h.... ☐G ☐D .....min ....ml
....h.... ☐G ☐D .....min ....ml

Mon Sommeil

de ....h.... à ....h.... ....
de ....h.... à ....h.... ....
de ....h.... à ....h.... ....
de ....h.... à ....h.... ....
de ....h.... à ....h.... ....
de ....h.... à ....h.... ....
de ....h.... à ....h.... ....
de ....h.... à ....h.... ....
de ....h.... à ....h.... ....

Mes Petites Notes

....
....
....
....
....
....
....
....

DATE :
… / … / ……

Humeur :
Activité / Moment de Bonheur:
....
....

Info importante du jour: ....

Mes Changes

Mouillé ☐☐☐☐☐☐☐☐
Selles ☐☐☐☐☐☐☐☐
(N: normal/ M: molle/D: Dure/ ....)

Mes Soins/ Traitements

Crème ☐☐☐☐☐☐☐
Nez ☐ Yeux ☐ Vitamine ☐ ....☐
Bain ☐ Shampoing ☐ ....☐

....
…h…. :
…h…. :
…h…. :

Mon Allaitement

Heure	Seins G/D	Durée	Biberon
…h…	☐G ☐D	…min	…….ml
…h…	☐G ☐D	…min	…….ml
…h…	☐G ☐D	…min	…….ml
…h…	☐G ☐D	…min	…….ml
…h…	☐G ☐D	…min	…….ml
…h…	☐G ☐D	…min	…….ml
…h…	☐G ☐D	…min	…….ml
…h…	☐G ☐D	…min	…….ml
…h…	☐G ☐D	…min	…….ml
…h…	☐G ☐D	…min	…….ml
…h…	☐G ☐D	…min	…….ml

Mon Sommeil

de …h… à …h… ....
de …h… à …h… ....
de …h… à …h… ....
de …h… à …h… ....
de …h… à …h… ....
de …h… à …h… ....
de …h… à …h… ....
de …h… à …h… ....

Mes Petites Notes

....
....
....
....
....
....
....
....
....

DATE :
.... / .... / ....

Humeur :
Activité / Moment de Bonheur:
....
....

Info importante du jour: ....

Mes Changes

Mouillé ☐☐☐☐☐☐☐☐
Selles ☐☐☐☐☐☐☐☐
(N: normal/ M:molle/D:Dure/ ....)

Mes Soins/ Traitements

Crème ☐☐☐☐☐☐☐☐
Nez ☐ Yeux ☐ Vitamine ☐ .... ☐
Bain ☐ Shampoing ☐ .... ☐

....
....h....:
....h....:
....h....:

Mon Allaitement

Heure	Seins G/D	Durée	Biberon
....h....	☐G ☐D	.....min	........ml
....h....	☐G ☐D	.....min	........ml
....h....	☐G ☐D	.....min	........ml
....h....	☐G ☐D	.....min	........ml
....h....	☐G ☐D	.....min	........ml
....h....	☐G ☐D	.....min	........ml
....h....	☐G ☐D	.....min	........ml
....h....	☐G ☐D	.....min	........ml
....h....	☐G ☐D	.....min	........ml
....h....	☐G ☐D	.....min	........ml

Mon Sommeil

de ....h.... à ....h.... ....
de ....h.... à ....h.... ....
de ....h.... à ....h.... ....
de ....h.... à ....h.... ....
de ....h.... à ....h.... ....
de ....h.... à ....h.... ....
de ....h.... à ....h.... ....
de ....h.... à ....h.... ....
de ....h.... à ....h.... ....

Mes Petites Notes

....
....
....
....
....
....
....
....
....

DATE : ..... / ..... / ....

Humeur :

Activité / Moment de Bonheur :
....
....

Info importante du jour : ....

Mes Changes
Mouillé ☐☐☐☐☐☐☐
Selles ☐☐☐☐☐☐☐
(N: normal/ M: molle/ D: Dure/ ....)

Mes Soins / Traitements
Crème ☐☐☐☐☐☐☐
Nez ☐ Yeux ☐ Vitamine ☐ ....☐
Bain ☐ Shampoing ☐ ....☐

....h.... : ....
....h.... : ....
....h.... : ....

Mon Allaitement
Heure	Seins G/D	Durée	Biberon
....h....	☐G ☐D	....min	......ml
....h....	☐G ☐D	....min	......ml
....h....	☐G ☐D	....min	......ml
....h....	☐G ☐D	....min	......ml
....h....	☐G ☐D	....min	......ml
....h....	☐G ☐D	....min	......ml
....h....	☐G ☐D	....min	......ml
....h....	☐G ☐D	....min	......ml
....h....	☐G ☐D	....min	......ml
....h....	☐G ☐D	....min	......ml

Mon Sommeil
de ....h.... à ....h.... ....
de ....h.... à ....h.... ....
de ....h.... à ....h.... ....
de ....h.... à ....h.... ....
de ....h.... à ....h.... ....
de ....h.... à ....h.... ....
de ....h.... à ....h.... ....
de ....h.... à ....h.... ....

Mes Petites Notes
....
....
....
....
....
....
....
....

DATE :
... / ... / ......

Humeur :

Activité / Moment de Bonheur:
....
....

Info importante du jour: ....

Mes Changes

Mouillé ☐☐☐☐☐☐☐☐
Selles ☐☐☐☐☐☐☐☐
(N: normal/ M:molle/D:Dure/ ....)

Mes Soins/ Traitements

Crème ☐☐☐☐☐☐☐☐
Nez ☐ Yeux ☐ Vitamine ☐ .... ☐
Bain ☐ Shampoing ☐ .... ☐

...h.... : ....
...h.... : ....
...h.... : ....

Mon Allaitement

Heure	Seins G/D	Durée	Biberon
....h....	☐G ☐D	.....min	........ml
....h....	☐G ☐D	.....min	........ml
....h....	☐G ☐D	.....min	........ml
....h....	☐G ☐D	.....min	........ml
....h....	☐G ☐D	.....min	........ml
....h....	☐G ☐D	.....min	........ml
....h....	☐G ☐D	.....min	........ml
....h....	☐G ☐D	.....min	........ml
....h....	☐G ☐D	.....min	........ml
....h....	☐G ☐D	.....min	........ml

Mon Sommeil

de ...h.... à ....h.... ....
de ...h.... à ....h.... ....
de ...h.... à ....h.... ....
de ...h.... à ....h.... ....
de ...h.... à ....h.... ....
de ...h.... à ....h.... ....
de ...h.... à ....h.... ....
de ...h.... à ....h.... ....

Mes Petites Notes

....
....
....
....
....
....
....
....
....

DATE :
..... / ..... / ....

Humeur : ☀️ 🌧️ 💨 🌙

Activité / Moment de Bonheur:
....
....

Info importante du jour: ....

Mes Changes
Mouillé ☐☐☐☐☐☐☐
Selles ☐☐☐☐☐☐☐
(N: normal/ M:molle/D:Dure/ ....)

Mes Soins/ Traitements
Crème ☐☐☐☐☐☐☐
Nez ☐ Yeux ☐ Vitamine ☐ .... ☐
Bain ☐ Shampoing ☐ .... ☐

....
....h....:
....h....:
....h....:

Mon Allaitement

Heure	Seins G/D	Durée	Biberon
....h....	☐G ☐D	.....min	........ml
....h....	☐G ☐D	.....min	........ml
....h....	☐G ☐D	.....min	........ml
....h....	☐G ☐D	.....min	........ml
....h....	☐G ☐D	.....min	........ml
....h....	☐G ☐D	.....min	........ml
....h....	☐G ☐D	.....min	........ml
....h....	☐G ☐D	.....min	........ml
....h....	☐G ☐D	.....min	........ml
....h....	☐G ☐D	.....min	........ml

Mon Sommeil
de ....h.... à ....h.... ....
de ....h.... à ....h.... ....
de ....h.... à ....h.... ....
de ....h.... à ....h.... ....
de ....h.... à ....h.... ....
de ....h.... à ....h.... ....
de ....h.... à ....h.... ....
de ....h.... à ....h.... ....

Mes Petites Notes
....
....
....
....
....
....
....
....

DATE :
... / ... / ......

Humeur :
Activité / Moment de Bonheur:
....
....

Info importante du jour: ....

Mes Changes

Mouillé ☐☐☐☐☐☐☐☐
Selles ☐☐☐☐☐☐☐☐
(N: normal/ M:molle/D:Dure/ ....)

Mes Soins/ Traitements

Crème ☐☐☐☐☐☐☐☐
Nez ☐ Yeux ☐ Vitamine ☐ .... ☐
Bain ☐ Shampoing ☐ .... ☐

....h....: ....
....h....: ....
....h....: ....

Mon Allaitement

Heure	Seins G/D	Durée	Biberon
....h....	☐G ☐D	.....min	........ml
....h....	☐G ☐D	.....min	........ml
....h....	☐G ☐D	.....min	........ml
....h....	☐G ☐D	.....min	........ml
....h....	☐G ☐D	.....min	........ml
....h....	☐G ☐D	.....min	........ml
....h....	☐G ☐D	.....min	........ml
....h....	☐G ☐D	.....min	........ml
....h....	☐G ☐D	.....min	........ml
....h....	☐G ☐D	.....min	........ml

Mon Sommeil

de ....h.... à ....h.... ....
de ....h.... à ....h.... ....
de ....h.... à ....h.... ....
de ....h.... à ....h.... ....
de ....h.... à ....h.... ....
de ....h.... à ....h.... ....
de ....h.... à ....h.... ....
de ....h.... à ....h.... ....

Mes Petites Notes

....
....
....
....
....
....
....
....

DATE :
..... / ..... / ....

Humeur :

Activité / Moment de Bonheur:
....
....

Info importante du jour: ....

Mes Changes

Mouillé ☐☐☐☐☐☐☐
Selles ☐☐☐☐☐☐☐
(N: normal/ M: molle/D: Dure/ ....)

Mes Soins/ Traitements

Crème ☐☐☐☐☐☐☐
Nez ☐ Yeux ☐ Vitamine ☐ .... ☐
Bain ☐ Shampoing ☐ .... ☐

....h....:
....h....:
....h....:

Mon Allaitement

Heure	Seins G/D	Durée	Biberon
....h....	☐G ☐D	.....min	........ml
....h....	☐G ☐D	.....min	........ml
....h....	☐G ☐D	.....min	........ml
....h....	☐G ☐D	.....min	........ml
....h....	☐G ☐D	.....min	........ml
....h....	☐G ☐D	.....min	........ml
....h....	☐G ☐D	.....min	........ml
....h....	☐G ☐D	.....min	........ml
....h....	☐G ☐D	.....min	........ml
....h....	☐G ☐D	.....min	........ml

Mon Sommeil

de ....h.... à ....h.... ....
de ....h.... à ....h.... ....
de ....h.... à ....h.... ....
de ....h.... à ....h.... ....
de ....h.... à ....h.... ....
de ....h.... à ....h.... ....
de ....h.... à ....h.... ....
de ....h.... à ....h.... ....

Mes Petites Notes

....
....
....
....
....
....
....
....

DATE :
… / … / ……

Humeur :

Activité / Moment de Bonheur:
....
....

Info importante du jour: ....

Mes Changes

Mouillé ☐☐☐☐☐☐☐
Selles ☐☐☐☐☐☐☐
(N: normal/ M:molle/D:Dure/ ....)

Mes Soins/ Traitements

Crème ☐☐☐☐☐☐☐
Nez ☐ Yeux ☐ Vitamine ☐ .... ☐
Bain ☐ Shampoing ☐ .... ☐

....h....: ....
....h....: ....
....h....: ....

Mon Allaitement

Heure	Seins G/D	Durée	Biberon
....h....	☐G ☐D	.....min	........ml
....h....	☐G ☐D	.....min	........ml
....h....	☐G ☐D	.....min	........ml
....h....	☐G ☐D	.....min	........ml
....h....	☐G ☐D	.....min	........ml
....h....	☐G ☐D	.....min	........ml
....h....	☐G ☐D	.....min	........ml
....h....	☐G ☐D	.....min	........ml
....h....	☐G ☐D	.....min	........ml
....h....	☐G ☐D	.....min	........ml

Mon Sommeil

de ...h.... à ....h.... ....
de ...h.... à ....h.... ....
de ...h.... à ....h.... ....
de ...h.... à ....h.... ....
de ...h.... à ....h.... ....
de ...h.... à ....h.... ....
de ...h.... à ....h.... ....
de ...h.... à ....h.... ....

Mes Petites Notes

....
....
....
....
....
....
....
....
....

DATE :
…. / …. / ……

Humeur :
Activité / Moment de Bonheur:
....
....

Info importante du jour: ....

Mes Changes

Mouillé ☐☐☐☐☐☐☐
Selles ☐☐☐☐☐☐☐
(N: normal/ M: molle/ D: Dure/ ....)

Mes Soins/ Traitements

Crème ☐☐☐☐☐☐☐
Nez ☐ Yeux ☐ Vitamine ☐ .... ☐
Bain ☐ Shampoing ☐ .... ☐

....
….h….: ....
….h….: ....
….h….: ....

Mon Allaitement

Heure	Seins G/D	Durée	Biberon
….h….	☐G ☐D	…..min	……..ml
….h….	☐G ☐D	…..min	……..ml
….h….	☐G ☐D	…..min	……..ml
….h….	☐G ☐D	…..min	……..ml
….h….	☐G ☐D	…..min	……..ml
….h….	☐G ☐D	…..min	……..ml
….h….	☐G ☐D	…..min	……..ml
….h….	☐G ☐D	…..min	……..ml
….h….	☐G ☐D	…..min	……..ml
….h….	☐G ☐D	…..min	……..ml

Mon Sommeil

de ….h…. à ….h…. ....
de ….h…. à ….h…. ....
de ….h…. à ….h…. ....
de ….h…. à ….h…. ....
de ….h…. à ….h…. ....
de ….h…. à ….h…. ....
de ….h…. à ….h…. ....
de ….h…. à ….h…. ....

Mes Petites Notes

....
....
....
....
....
....
....
....
....

DATE :
... / ... / ......

Humeur :

Activité / Moment de Bonheur:
....
....

Info importante du jour: ....

Mes Changes
Mouillé ☐☐☐☐☐☐☐
Selles ☐☐☐☐☐☐☐
(N: normal/ M:molle/D:Dure/ ....)

Mes Soins/ Traitements
Crème ☐☐☐☐☐☐☐
Nez ☐ Yeux ☐ Vitamine ☐ .... ☐
Bain ☐ Shampoing ☐ .... ☐

....h....: ....
....h....: ....
....h....: ....

Mon Allaitement

Heure	Seins G/D	Durée	Biberon
....h....	☐G ☐D	.....min	........ml
....h....	☐G ☐D	.....min	........ml
....h....	☐G ☐D	.....min	........ml
....h....	☐G ☐D	.....min	........ml
....h....	☐G ☐D	.....min	........ml
....h....	☐G ☐D	.....min	........ml
....h....	☐G ☐D	.....min	........ml
....h....	☐G ☐D	.....min	........ml
....h....	☐G ☐D	.....min	........ml
....h....	☐G ☐D	.....min	........ml

Mon Sommeil
de ....h.... à ....h.... ....
de ....h.... à ....h.... ....
de ....h.... à ....h.... ....
de ....h.... à ....h.... ....
de ....h.... à ....h.... ....
de ....h.... à ....h.... ....
de ....h.... à ....h.... ....
de ....h.... à ....h.... ....

Mes Petites Notes
....
....
....
....
....
....
....
....
....

DATE :
.../ ... / ......

Humeur :

Activité / Moment de Bonheur:
....
....

Info importante du jour: ....

Mes Changes
Mouillé ☐☐☐☐☐☐☐☐
Selles ☐☐☐☐☐☐☐☐
(N: normal/ M:molle/D:Dure/ ....)

Mes Soins/ Traitements
Crème ☐☐☐☐☐☐☐☐
Nez ☐ Yeux ☐ Vitamine ☐ .... ☐
Bain ☐ Shampoing ☐ .... ☐

....h....:
....h....:
....h....:

Mon Allaitement

Heure	Seins G/D	Durée	Biberon
....h....	☐G ☐D	.....min	........ml
....h....	☐G ☐D	.....min	........ml
....h....	☐G ☐D	.....min	........ml
....h....	☐G ☐D	.....min	........ml
....h....	☐G ☐D	.....min	........ml
....h....	☐G ☐D	.....min	........ml
....h....	☐G ☐D	.....min	........ml
....h....	☐G ☐D	.....min	........ml
....h....	☐G ☐D	.....min	........ml
....h....	☐G ☐D	.....min	........ml

Mon Sommeil
de ....h.... à ....h.... ....
de ....h.... à ....h.... ....
de ....h.... à ....h.... ....
de ....h.... à ....h.... ....
de ....h.... à ....h.... ....
de ....h.... à ....h.... ....
de ....h.... à ....h.... ....
de ....h.... à ....h.... ....

Mes Petites Notes
....
....
....
....
....
....
....
....

DATE :
.../ ... / ......

Humeur :

Activité / Moment de Bonheur:
....
....

Info importante du jour: ....

Mes Changes

Mouillé ☐☐☐☐☐☐☐☐
Selles ☐☐☐☐☐☐☐☐
(N: normal/ M:molle/D:Dure/ ....)

Mes Soins/ Traitements

Crème ☐☐☐☐☐☐☐☐
Nez ☐ Yeux ☐ Vitamine ☐ .... ☐
Bain ☐ Shampoing ☐ .... ☐

....
....h....:
....h....:
....h....:

Mon Allaitement

Heure	Seins G/D	Durée	Biberon
....h....	☐G ☐D	.....min	........ml
....h....	☐G ☐D	.....min	........ml
....h....	☐G ☐D	.....min	........ml
....h....	☐G ☐D	.....min	........ml
....h....	☐G ☐D	.....min	........ml
....h....	☐G ☐D	.....min	........ml
....h....	☐G ☐D	.....min	........ml
....h....	☐G ☐D	.....min	........ml
....h....	☐G ☐D	.....min	........ml
....h....	☐G ☐D	.....min	........ml
....h....	☐G ☐D	.....min	........ml

Mon Sommeil

de ....h.... à ....h.... ....
de ....h.... à ....h.... ....
de ....h.... à ....h.... ....
de ....h.... à ....h.... ....
de ....h.... à ....h.... ....
de ....h.... à ....h.... ....
de ....h.... à ....h.... ....
de ....h.... à ....h.... ....

Mes Petites Notes

....
....
....
....
....
....
....
....
....

DATE :
..... / ..... / ....

Humeur :

Activité / Moment de Bonheur:
....
....

Info importante du jour: ....

Mes Changes
Mouillé ☐☐☐☐☐☐☐
Selles ☐☐☐☐☐☐☐
(N: normal/ M:molle/D:Dure/ ....)

Mes Soins/ Traitements
Crème ☐☐☐☐☐☐☐
Nez ☐ Yeux ☐ Vitamine ☐ ....☐
Bain ☐ Shampoing ☐ ....☐
....
....h....:
....h....:
....h....:

Mon Allaitement
Heure	Seins G/D	Durée	Biberon
....h....	☐G ☐D	....min	........ml
....h....	☐G ☐D	....min	........ml
....h....	☐G ☐D	....min	........ml
....h....	☐G ☐D	....min	........ml
....h....	☐G ☐D	....min	........ml
....h....	☐G ☐D	....min	........ml
....h....	☐G ☐D	....min	........ml
....h....	☐G ☐D	....min	........ml
....h....	☐G ☐D	....min	........ml
....h....	☐G ☐D	....min	........ml

Mon Sommeil
de ....h.... à ....h.... ....
de ....h.... à ....h.... ....
de ....h.... à ....h.... ....
de ....h.... à ....h.... ....
de ....h.... à ....h.... ....
de ....h.... à ....h.... ....
de ....h.... à ....h.... ....
de ....h.... à ....h.... ....

Mes Petites Notes
....
....
....
....
....
....
....
....
....

DATE :
..... / ..... / ....

Humeur :

Activité / Moment de Bonheur:
....
....

Info importante du jour: ....

Mes Changes

Mouillé ☐☐☐☐☐☐☐
Selles ☐☐☐☐☐☐☐
(N: normal/ M:molle/D:Dure/ ....)

Mes Soins/ Traitements

Crème ☐☐☐☐☐☐☐
Nez ☐ Yeux ☐ Vitamine ☐ ....☐
Bain ☐ Shampoing ☐ ....☐

....
....h....:
....h....:
....h....:

Mon Allaitement

Heure	Seins G/D	Durée	Biberon
....h....	☐G ☐D	.....min	........ml
....h....	☐G ☐D	.....min	........ml
....h....	☐G ☐D	.....min	........ml
....h....	☐G ☐D	.....min	........ml
....h....	☐G ☐D	.....min	........ml
....h....	☐G ☐D	.....min	........ml
....h....	☐G ☐D	.....min	........ml
....h....	☐G ☐D	.....min	........ml
....h....	☐G ☐D	.....min	........ml
....h....	☐G ☐D	.....min	........ml

Mon Sommeil

de ....h.... à ....h.... ....
de ....h.... à ....h.... ....
de ....h.... à ....h.... ....
de ....h.... à ....h.... ....
de ....h.... à ....h.... ....
de ....h.... à ....h.... ....
de ....h.... à ....h.... ....
de ....h.... à ....h.... ....

Mes Petites Notes

....
....
....
....
....
....
....
....

DATE : ..... / ..... / ....

Humeur : ☀️ 🌧️ 😠 🌙

Activité / Moment de Bonheur:
....
....

Info importante du jour: ....

Mes Changes

Mouillé ☐☐☐☐☐☐☐☐
Selles ☐☐☐☐☐☐☐☐
(N: normal/ M: molle/ D: Dure/ ....)

Mes Soins/ Traitements

Crème ☐☐☐☐☐☐☐☐
Nez ☐ Yeux ☐ Vitamine ☐ .... ☐
Bain ☐ Shampoing ☐ .... ☐

....h....:
....h....:
....h....:

Mon Allaitement

Heure	Seins G/D	Durée	Biberon
....h....	☐G ☐D	....min	........ml
....h....	☐G ☐D	....min	........ml
....h....	☐G ☐D	....min	........ml
....h....	☐G ☐D	....min	........ml
....h....	☐G ☐D	....min	........ml
....h....	☐G ☐D	....min	........ml
....h....	☐G ☐D	....min	........ml
....h....	☐G ☐D	....min	........ml
....h....	☐G ☐D	....min	........ml
....h....	☐G ☐D	....min	........ml

Mon Sommeil

de ....h.... à ....h.... ....
de ....h.... à ....h.... ....
de ....h.... à ....h.... ....
de ....h.... à ....h.... ....
de ....h.... à ....h.... ....
de ....h.... à ....h.... ....
de ....h.... à ....h.... ....
de ....h.... à ....h.... ....

Mes Petites Notes

....
....
....
....
....
....
....
....

DATE :
… / … / ……

Humeur :
Activité / Moment de Bonheur:
....
....

Info importante du jour: ....

Mes Changes
Mouillé ☐☐☐☐☐☐☐☐
Selles ☐☐☐☐☐☐☐☐
(N: normal/ M:molle/D:Dure/ ....)

Mes Soins/ Traitements
Crème ☐☐☐☐☐☐☐☐
Nez ☐ Yeux ☐ Vitamine ☐ .... ☐
Bain ☐ Shampoing ☐ .... ☐

….h….: ....
….h….: ....
….h….: ....

Mon Allaitement

Heure	Seins G/D	Durée	Biberon
….h….	☐G ☐D	…..min	……..ml
….h….	☐G ☐D	…..min	……..ml
….h….	☐G ☐D	…..min	……..ml
….h….	☐G ☐D	…..min	……..ml
….h….	☐G ☐D	…..min	……..ml
….h….	☐G ☐D	…..min	……..ml
….h….	☐G ☐D	…..min	……..ml
….h….	☐G ☐D	…..min	……..ml
….h….	☐G ☐D	…..min	……..ml
….h….	☐G ☐D	…..min	……..ml

Mon Sommeil
de ….h…. à ….h…. ....
de ….h…. à ….h…. ....
de ….h…. à ….h…. ....
de ….h…. à ….h…. ....
de ….h…. à ….h…. ....
de ….h…. à ….h…. ....
de ….h…. à ….h…. ....
de ….h…. à ….h…. ....

Mes Petites Notes
....
....
....
....
....
....
....
....

DATE :
.... / .... / ......

Humeur :
Activité / Moment de Bonheur:
....
....

Info importante du jour: ....

Mes Changes
Mouillé ☐☐☐☐☐☐☐
Selles ☐☐☐☐☐☐☐
(N: normal/ M: molle/D: Dure/ ....)

Mes Soins/ Traitements
Crème ☐☐☐☐☐☐☐
Nez ☐ Yeux ☐ Vitamine ☐ .... ☐
Bain ☐ Shampoing ☐ .... ☐

....
....h....:
....h....:
....h....:

Mon Allaitement
Heure	Seins G/D	Durée	Biberon
....h....	☐G ☐D	.....min	........ml
....h....	☐G ☐D	.....min	........ml
....h....	☐G ☐D	.....min	........ml
....h....	☐G ☐D	.....min	........ml
....h....	☐G ☐D	.....min	........ml
....h....	☐G ☐D	.....min	........ml
....h....	☐G ☐D	.....min	........ml
....h....	☐G ☐D	.....min	........ml
....h....	☐G ☐D	.....min	........ml
....h....	☐G ☐D	.....min	........ml

Mon Sommeil
de ....h.... à ....h.... ....
de ....h.... à ....h.... ....
de ....h.... à ....h.... ....
de ....h.... à ....h.... ....
de ....h.... à ....h.... ....
de ....h.... à ....h.... ....
de ....h.... à ....h.... ....
de ....h.... à ....h.... ....

Mes Petites Notes
....
....
....
....
....
....
....
....

DATE : ..../ ..../ ......

Humeur : ☀ ☁ ⛈ 🌙

Activité / Moment de Bonheur:
....
....

Info importante du jour: ....

Mes Changes
Mouillé ☐☐☐☐☐☐☐☐
Selles ☐☐☐☐☐☐☐☐
(N: normal/ M:molle/D:Dure/ ....)

Mes Soins/ Traitements
Crème ☐☐☐☐☐☐☐
Nez ☐ Yeux ☐ Vitamine ☐ ....☐
Bain ☐ Shampoing ☐ ....☐
....
....h....:
....h....:
....h....:

Mon Allaitement
Heure	Seins G/D	Durée	Biberon
....h....	☐G ☐D	.....min	........ml
....h....	☐G ☐D	.....min	........ml
....h....	☐G ☐D	.....min	........ml
....h....	☐G ☐D	.....min	........ml
....h....	☐G ☐D	.....min	........ml
....h....	☐G ☐D	.....min	........ml
....h....	☐G ☐D	.....min	........ml
....h....	☐G ☐D	.....min	........ml
....h....	☐G ☐D	.....min	........ml
....h....	☐G ☐D	.....min	........ml

Mon Sommeil
de ....h.... à ....h.... ....
de ....h.... à ....h.... ....
de ....h.... à ....h.... ....
de ....h.... à ....h.... ....
de ....h.... à ....h.... ....
de ....h.... à ....h.... ....
de ....h.... à ....h.... ....
de ....h.... à ....h.... ....

Mes Petites Notes
....
....
....
....
....
....
....
....

DATE : ..... / ..... / ....

Humeur :
Activité / Moment de Bonheur:
....
....

Info importante du jour: ....

Mes Changes
Mouillé ☐☐☐☐☐☐☐
Selles ☐☐☐☐☐☐☐
(N: normal/ M:molle/D:Dure/ ....)

Mes Soins/ Traitements
Crème ☐☐☐☐☐☐☐
Nez ☐ Yeux ☐ Vitamine ☐ .... ☐
Bain ☐ Shampoing ☐ .... ☐

....h....: ....
....h....: ....
....h....: ....

Mon Allaitement
Heure	Seins G/D	Durée	Biberon
....h....	☐G ☐D	.....min	........ml
....h....	☐G ☐D	.....min	........ml
....h....	☐G ☐D	.....min	........ml
....h....	☐G ☐D	.....min	........ml
....h....	☐G ☐D	.....min	........ml
....h....	☐G ☐D	.....min	........ml
....h....	☐G ☐D	.....min	........ml
....h....	☐G ☐D	.....min	........ml
....h....	☐G ☐D	.....min	........ml
....h....	☐G ☐D	.....min	........ml

Mon Sommeil
de ....h.... à ....h.... ....
de ....h.... à ....h.... ....
de ....h.... à ....h.... ....
de ....h.... à ....h.... ....
de ....h.... à ....h.... ....
de ....h.... à ....h.... ....
de ....h.... à ....h.... ....
de ....h.... à ....h.... ....

Mes Petites Notes
....
....
....
....
....
....
....
....

DATE :
.../ ... / ......

Humeur :
Activité / Moment de Bonheur:
....
....

Info importante du jour: ....

Mes Changes
Mouillé ☐☐☐☐☐☐☐
Selles ☐☐☐☐☐☐☐
(N: normal/ M:molle/D:Dure/ ....)

Mes Soins/ Traitements
Crème ☐☐☐☐☐☐☐
Nez ☐ Yeux ☐ Vitamine ☐ ....☐
Bain ☐ Shampoing ☐ ....☐

....
....h....:
....h....:
....h....:

Mon Allaitement
Heure Seins G/D Durée Biberon
....h.... ☐G ☐D .....min ....ml
....h.... ☐G ☐D .....min ....ml
....h.... ☐G ☐D .....min ....ml
....h.... ☐G ☐D .....min ....ml
....h.... ☐G ☐D .....min ....ml
....h.... ☐G ☐D .....min ....ml
....h.... ☐G ☐D .....min ....ml
....h.... ☐G ☐D .....min ....ml
....h.... ☐G ☐D .....min ....ml
....h.... ☐G ☐D .....min ....ml

Mon Sommeil
de ....h.... à ....h.... ....
de ....h.... à ....h.... ....
de ....h.... à ....h.... ....
de ....h.... à ....h.... ....
de ....h.... à ....h.... ....
de ....h.... à ....h.... ....
de ....h.... à ....h.... ....
de ....h.... à ....h.... ....

Mes Petites Notes
....
....
....
....
....
....
....
....

DATE : ..../..../......

Humeur : ☀️ ☁️ ⛈️ 🌙

Activité / Moment de Bonheur:
....
....

Info importante du jour: ....

Mes Changes

Mouillé ☐☐☐☐☐☐☐
Selles ☐☐☐☐☐☐☐
(N: normal/ M:molle/D:Dure/ ....)

Mes Soins/ Traitements

Crème ☐☐☐☐☐☐☐
Nez ☐ Yeux ☐ Vitamine ☐ .... ☐
Bain ☐ Shampoing ☐ .... ☐

....
....h....:
....h....:
....h....:

Mon Allaitement

Heure	Seins G/D	Durée	Biberon
....h....	☐G ☐D	.....min	........ml
....h....	☐G ☐D	.....min	........ml
....h....	☐G ☐D	.....min	........ml
....h....	☐G ☐D	.....min	........ml
....h....	☐G ☐D	.....min	........ml
....h....	☐G ☐D	.....min	........ml
....h....	☐G ☐D	.....min	........ml
....h....	☐G ☐D	.....min	........ml
....h....	☐G ☐D	.....min	........ml
....h....	☐G ☐D	.....min	........ml

Mon Sommeil

de ....h.... à ....h.... ....
de ....h.... à ....h.... ....
de ....h.... à ....h.... ....
de ....h.... à ....h.... ....
de ....h.... à ....h.... ....
de ....h.... à ....h.... ....
de ....h.... à ....h.... ....
de ....h.... à ....h.... ....

Mes Petites Notes

....
....
....
....
....
....
....
....

DATE :
... / ... / ......

Humeur :

Activité / Moment de Bonheur:
....
....

Info importante du jour: ....

Mes Changes

Mouillé ☐☐☐☐☐☐☐
Selles ☐☐☐☐☐☐☐
(N: normal/ M:molle/D:Dure/ ....)

Mes Soins/ Traitements

Crème ☐☐☐☐☐☐☐
Nez ☐ Yeux ☐ Vitamine ☐ .... ☐
Bain ☐ Shampoing ☐ .... ☐

....
....h....:
....h....:
....h....:

Mon Allaitement

Heure	Seins G/D	Durée	Biberon
....h....	☐G ☐D	.....min	........ml
....h....	☐G ☐D	.....min	........ml
....h....	☐G ☐D	.....min	........ml
....h....	☐G ☐D	.....min	........ml
....h....	☐G ☐D	.....min	........ml
....h....	☐G ☐D	.....min	........ml
....h....	☐G ☐D	.....min	........ml
....h....	☐G ☐D	.....min	........ml
....h....	☐G ☐D	.....min	........ml
....h....	☐G ☐D	.....min	........ml
....h....	☐G ☐D	.....min	........ml

Mon Sommeil

de ....h.... à ....h.... ....
de ....h.... à ....h.... ....
de ....h.... à ....h.... ....
de ....h.... à ....h.... ....
de ....h.... à ....h.... ....
de ....h.... à ....h.... ....
de ....h.... à ....h.... ....
de ....h.... à ....h.... ....

Mes Petites Notes

....
....
....
....
....
....
....
....

DATE :
… / … / ……

Humeur :

Activité / Moment de Bonheur:
....
....

Info importante du jour: ....

Mes Changes
Mouillé ☐☐☐☐☐☐☐☐
Selles ☐☐☐☐☐☐☐☐
(N: normal/ M:molle/D:Dure/ ....)

Mes Soins/ Traitements
Crème ☐☐☐☐☐☐☐☐
Nez ☐ Yeux ☐ Vitamine ☐ ....☐
Bain ☐ Shampoing ☐ ....☐

...h...: ....
...h...: ....
...h...: ....

Mon Allaitement
Heure	Seins G/D	Durée	Biberon
...h...	☐G ☐D	....min	......ml
...h...	☐G ☐D	....min	......ml
...h...	☐G ☐D	....min	......ml
...h...	☐G ☐D	....min	......ml
...h...	☐G ☐D	....min	......ml
...h...	☐G ☐D	....min	......ml
...h...	☐G ☐D	....min	......ml
...h...	☐G ☐D	....min	......ml
...h...	☐G ☐D	....min	......ml
...h...	☐G ☐D	....min	......ml

Mon Sommeil
de ...h... à ...h.... ....
de ...h... à ...h.... ....
de ...h... à ...h.... ....
de ...h... à ...h.... ....
de ...h... à ...h.... ....
de ...h... à ...h.... ....
de ...h... à ...h.... ....
de ...h... à ...h.... ....

Mes Petites Notes
....
....
....
....
....
....
....
....

DATE :
... / ... / ......

Humeur : ☀️ 🌧️ 🌩️ 🌙

Activité / Moment de Bonheur :
....
....

Info importante du jour : ....

Mes Changes

Mouillé ☐☐☐☐☐☐☐
Selles ☐☐☐☐☐☐☐
(N: normal/ M: molle/ D: Dure/ ....)

Mes Soins/ Traitements

Crème ☐☐☐☐☐☐☐
Nez ☐ Yeux ☐ Vitamine ☐ .... ☐
Bain ☐ Shampoing ☐ .... ☐

....
....h....:
....h....:
....h....:

Mon Allaitement

Heure	Seins G/D	Durée	Biberon
....h....	☐G ☐D	.....min	........ml
....h....	☐G ☐D	.....min	........ml
....h....	☐G ☐D	.....min	........ml
....h....	☐G ☐D	.....min	........ml
....h....	☐G ☐D	.....min	........ml
....h....	☐G ☐D	.....min	........ml
....h....	☐G ☐D	.....min	........ml
....h....	☐G ☐D	.....min	........ml
....h....	☐G ☐D	.....min	........ml
....h....	☐G ☐D	.....min	........ml

Mon Sommeil

de ....h.... à ....h.... ....
de ....h.... à ....h.... ....
de ....h.... à ....h.... ....
de ....h.... à ....h.... ....
de ....h.... à ....h.... ....
de ....h.... à ....h.... ....
de ....h.... à ....h.... ....
de ....h.... à ....h.... ....

Mes Petites Notes

....
....
....
....
....
....
....
....

DATE :
.... / .... / ......

Humeur :

Activité / Moment de Bonheur:
....
....

Info importante du jour: ....

Mes Changes
Mouillé ☐☐☐☐☐☐☐
Selles ☐☐☐☐☐☐☐
(N: normal/ M:molle/D:Dure/ ....)

Mes Soins/ Traitements
Crème ☐☐☐☐☐☐☐
Nez ☐ Yeux ☐ Vitamine ☐ .... ☐
Bain ☐ Shampoing ☐ .... ☐

....
....h....:
....h....:
....h....:

Mon Allaitement
Heure	Seins G/D	Durée	Biberon
....h....	☐G ☐D	.....min	........ml
....h....	☐G ☐D	.....min	........ml
....h....	☐G ☐D	.....min	........ml
....h....	☐G ☐D	.....min	........ml
....h....	☐G ☐D	.....min	........ml
....h....	☐G ☐D	.....min	........ml
....h....	☐G ☐D	.....min	........ml
....h....	☐G ☐D	.....min	........ml
....h....	☐G ☐D	.....min	........ml
....h....	☐G ☐D	.....min	........ml

Mon Sommeil
de ....h.... à ....h.... ....
de ....h.... à ....h.... ....
de ....h.... à ....h.... ....
de ....h.... à ....h.... ....
de ....h.... à ....h.... ....
de ....h.... à ....h.... ....
de ....h.... à ....h.... ....
de ....h.... à ....h.... ....

Mes Petites Notes
....
....
....
....
....
....
....
....

DATE :
… / … / ……

Humeur :
Activité / Moment de Bonheur:
....
....

Info importante du jour: ....

Mes Changes
Mouillé ☐☐☐☐☐☐☐☐
Selles ☐☐☐☐☐☐☐☐
(N: normal/ M:molle/D:Dure/ ....)

Mes Soins/ Traitements
Crème ☐☐☐☐☐☐☐☐
Nez ☐ Yeux ☐ Vitamine ☐ ....☐
Bain ☐ Shampoing ☐ ....☐
....
…h…. :
…h…. :
…h…. :

Mon Allaitement
Heure	Seins G/D	Durée	Biberon
…h…	☐G ☐D	…..min	……..ml
…h…	☐G ☐D	…..min	……..ml
…h…	☐G ☐D	…..min	……..ml
…h…	☐G ☐D	…..min	……..ml
…h…	☐G ☐D	…..min	……..ml
…h…	☐G ☐D	…..min	……..ml
…h…	☐G ☐D	…..min	……..ml
…h…	☐G ☐D	…..min	……..ml
…h…	☐G ☐D	…..min	……..ml
…h…	☐G ☐D	…..min	……..ml

Mon Sommeil
de …h…. à …h…. ....
de …h…. à …h…. ....
de …h…. à …h…. ....
de …h…. à …h…. ....
de …h…. à …h…. ....
de …h…. à …h…. ....
de …h…. à …h…. ....
de …h…. à …h…. ....

Mes Petites Notes
....
....
....
....
....
....
....
....
....

DATE :
… / … / ……

Humeur :

Activité / Moment de Bonheur:
....
....

Info importante du jour: ....

Mes Changes

Mouillé ☐☐☐☐☐☐☐
Selles ☐☐☐☐☐☐☐
(N: normal/ M:molle/D:Dure/ ....)

Mes Soins/ Traitements

Crème ☐☐☐☐☐☐☐
Nez ☐ Yeux ☐ Vitamine ☐ .... ☐
Bain ☐ Shampoing ☐ .... ☐

….h….: ....
….h….: ....
….h….: ....

Mon Allaitement

Heure	Seins G/D	Durée	Biberon
….h….	☐G ☐D	…..min	……..ml
….h….	☐G ☐D	…..min	……..ml
….h….	☐G ☐D	…..min	……..ml
….h….	☐G ☐D	…..min	……..ml
….h….	☐G ☐D	…..min	……..ml
….h….	☐G ☐D	…..min	……..ml
….h….	☐G ☐D	…..min	……..ml
….h….	☐G ☐D	…..min	……..ml
….h….	☐G ☐D	…..min	……..ml
….h….	☐G ☐D	…..min	……..ml

Mon Sommeil

de ….h…. à ….h…. ....
de ….h…. à ….h…. ....
de ….h…. à ….h…. ....
de ….h…. à ….h…. ....
de ….h…. à ….h…. ....
de ….h…. à ….h…. ....
de ….h…. à ….h…. ....
de ….h…. à ….h…. ....

Mes Petites Notes

....
....
....
....
....
....
....
....

DATE :
..... / ..... / ....

Humeur :
Activité / Moment de Bonheur:
....
....

Info importante du jour: ....

Mes Changes

Mouillé ☐☐☐☐☐☐☐☐
Selles ☐☐☐☐☐☐☐☐
(N: normal/ M:molle/D:Dure/ ....)

Mes Soins/ Traitements

Crème ☐☐☐☐☐☐☐
Nez ☐ Yeux ☐ Vitamine ☐ .... ☐
Bain ☐ Shampoing ☐ .... ☐

....
....h....:
....h....:
....h....:

Mon Allaitement

Heure	Seins G/D	Durée	Biberon
....h....	☐G ☐D	.....min	........ml
....h....	☐G ☐D	.....min	........ml
....h....	☐G ☐D	.....min	........ml
....h....	☐G ☐D	.....min	........ml
....h....	☐G ☐D	.....min	........ml
....h....	☐G ☐D	.....min	........ml
....h....	☐G ☐D	.....min	........ml
....h....	☐G ☐D	.....min	........ml
....h....	☐G ☐D	.....min	........ml
....h....	☐G ☐D	.....min	........ml

Mon Sommeil

de ....h.... à ....h.... ....
de ....h.... à ....h.... ....
de ....h.... à ....h.... ....
de ....h.... à ....h.... ....
de ....h.... à ....h.... ....
de ....h.... à ....h.... ....
de ....h.... à ....h.... ....
de ....h.... à ....h.... ....

Mes Petites Notes

....
....
....
....
....
....
....
....

DATE : …. / …. / ……

Humeur :
Activité / Moment de Bonheur:
……………………………………………………
……………………………………………………

Info importante du jour: ……………………………………………………

Mes Changes
Mouillé ☐☐☐☐☐☐☐
Selles ☐☐☐☐☐☐☐
(N: normal/ M: molle/ D: Dure/ ……………)

Mes Soins/ Traitements
Crème ☐☐☐☐☐☐☐
Nez ☐ Yeux ☐ Vitamine ☐ ………… ☐
Bain ☐ Shampoing ☐ ………………… ☐

……………………………………………………
….h…. :
….h…. :
….h…. :

Mon Allaitement

Heure	Seins G/D	Durée	Biberon
….h….	☐G ☐D	…..min	……..ml
….h….	☐G ☐D	…..min	……..ml
….h….	☐G ☐D	…..min	……..ml
….h….	☐G ☐D	…..min	……..ml
….h….	☐G ☐D	…..min	……..ml
….h….	☐G ☐D	…..min	……..ml
….h….	☐G ☐D	…..min	……..ml
….h….	☐G ☐D	…..min	……..ml
….h….	☐G ☐D	…..min	……..ml
….h….	☐G ☐D	…..min	……..ml

Mon Sommeil

de ….h…. à ….h…. ……………
de ….h…. à ….h…. ……………
de ….h…. à ….h…. ……………
de ….h…. à ….h…. ……………
de ….h…. à ….h…. ……………
de ….h…. à ….h…. ……………
de ….h…. à ….h…. ……………
de ….h…. à ….h…. ……………

Mes Petites Notes

……………………………………………………
……………………………………………………
……………………………………………………
……………………………………………………
……………………………………………………
……………………………………………………
……………………………………………………
……………………………………………………

DATE :
..... / ..... / ....

Humeur :
Activité / Moment de Bonheur:
....
....

Info importante du jour: ....

Mes Changes

Mouillé ☐☐☐☐☐☐☐
Selles ☐☐☐☐☐☐☐
(N: normal/ M:molle/D:Dure/ ....)

Mes Soins/ Traitements

Crème ☐☐☐☐☐☐☐
Nez ☐ Yeux ☐ Vitamine ☐ .... ☐
Bain ☐ Shampoing ☐ .... ☐

....
....h....:
....h....:
....h....:

Mon Allaitement

Heure	Seins G/D	Durée	Biberon
....h....	☐G ☐D	.....min	........ml
....h....	☐G ☐D	.....min	........ml
....h....	☐G ☐D	.....min	........ml
....h....	☐G ☐D	.....min	........ml
....h....	☐G ☐D	.....min	........ml
....h....	☐G ☐D	.....min	........ml
....h....	☐G ☐D	.....min	........ml
....h....	☐G ☐D	.....min	........ml
....h....	☐G ☐D	.....min	........ml
....h....	☐G ☐D	.....min	........ml

Mon Sommeil

de ....h.... à ....h.... ....
de ....h.... à ....h.... ....
de ....h.... à ....h.... ....
de ....h.... à ....h.... ....
de ....h.... à ....h.... ....
de ....h.... à ....h.... ....
de ....h.... à ....h.... ....
de ....h.... à ....h.... ....

Mes Petites Notes

....
....
....
....
....
....
....
....

DATE : ... / ... / ......

Humeur :

Activité / Moment de Bonheur:
....
....

Info importante du jour: ....

Mes Changes

Mouillé ☐☐☐☐☐☐☐
Selles ☐☐☐☐☐☐☐
(N: normal/ M: molle/ D: Dure/ ....)

Mes Soins/ Traitements

Crème ☐☐☐☐☐☐☐
Nez ☐ Yeux ☐ Vitamine ☐ .... ☐
Bain ☐ Shampoing ☐ .... ☐

....h....: ....
....h....: ....
....h....: ....

Mon Allaitement

Heure	Seins G/D	Durée	Biberon
...h...	☐G ☐D	...min	......ml
...h...	☐G ☐D	...min	......ml
...h...	☐G ☐D	...min	......ml
...h...	☐G ☐D	...min	......ml
...h...	☐G ☐D	...min	......ml
...h...	☐G ☐D	...min	......ml
...h...	☐G ☐D	...min	......ml
...h...	☐G ☐D	...min	......ml
...h...	☐G ☐D	...min	......ml
...h...	☐G ☐D	...min	......ml

Mon Sommeil

de ...h.... à ...h.... ....
de ...h.... à ...h.... ....
de ...h.... à ...h.... ....
de ...h.... à ...h.... ....
de ...h.... à ...h.... ....
de ...h.... à ...h.... ....
de ...h.... à ...h.... ....
de ...h.... à ...h.... ....

Mes Petites Notes

....
....
....
....
....
....
....
....

DATE :
.... / .... / ......

Humeur :
Activité / Moment de Bonheur:
....
....

Info importante du jour: ....

Mes Changes

Mouillé ☐☐☐☐☐☐☐
Selles ☐☐☐☐☐☐☐
(N: normal/ M: molle/ D: Dure/ ....)

Mes Soins/ Traitements

Crème ☐☐☐☐☐☐☐
Nez ☐ Yeux ☐ Vitamine ☐ .... ☐
Bain ☐ Shampoing ☐ .... ☐

....h....: ....
....h....: ....
....h....: ....

Mon Allaitement

Heure	Seins G/D	Durée	Biberon
....h....	☐G ☐D	.....min	........ml
....h....	☐G ☐D	.....min	........ml
....h....	☐G ☐D	.....min	........ml
....h....	☐G ☐D	.....min	........ml
....h....	☐G ☐D	.....min	........ml
....h....	☐G ☐D	.....min	........ml
....h....	☐G ☐D	.....min	........ml
....h....	☐G ☐D	.....min	........ml
....h....	☐G ☐D	.....min	........ml
....h....	☐G ☐D	.....min	........ml

Mon Sommeil

de ....h.... à ....h.... ....
de ....h.... à ....h.... ....
de ....h.... à ....h.... ....
de ....h.... à ....h.... ....
de ....h.... à ....h.... ....
de ....h.... à ....h.... ....
de ....h.... à ....h.... ....
de ....h.... à ....h.... ....

Mes Petites Notes

....
....
....
....
....
....
....
....

DATE :
..... / ..... / ....

Humeur :

Activité / Moment de Bonheur:
....
....

Info importante du jour: ....

Mes Changes

Mouillé ☐☐☐☐☐☐☐
Selles ☐☐☐☐☐☐☐
(N: normal/ M: molle/ D: Dure/ ....)

Mes Soins/ Traitements

Crème ☐☐☐☐☐☐☐
Nez ☐ Yeux ☐ Vitamine ☐ .... ☐
Bain ☐ Shampoing ☐ .... ☐

....
....h....:
....h....:
....h....:

Mon Allaitement

Heure	Seins G/D	Durée	Biberon
....h....	☐G ☐D	.....min	........ml
....h....	☐G ☐D	.....min	........ml
....h....	☐G ☐D	.....min	........ml
....h....	☐G ☐D	.....min	........ml
....h....	☐G ☐D	.....min	........ml
....h....	☐G ☐D	.....min	........ml
....h....	☐G ☐D	.....min	........ml
....h....	☐G ☐D	.....min	........ml
....h....	☐G ☐D	.....min	........ml
....h....	☐G ☐D	.....min	........ml

Mon Sommeil

de ....h.... à ....h.... ....
de ....h.... à ....h.... ....
de ....h.... à ....h.... ....
de ....h.... à ....h.... ....
de ....h.... à ....h.... ....
de ....h.... à ....h.... ....
de ....h.... à ....h.... ....
de ....h.... à ....h.... ....

Mes Petites Notes

....
....
....
....
....
....
....
....

DATE :
… / … / ……

Humeur :
Activité / Moment de Bonheur:
....
....

Info importante du jour: ....

Mes Changes

Mouillé ☐☐☐☐☐☐☐
Selles ☐☐☐☐☐☐☐
(N: normal/ M:molle/D:Dure/ ....)

Mes Soins/ Traitements

Crème ☐☐☐☐☐☐☐
Nez ☐ Yeux ☐ Vitamine ☐ .... ☐
Bain ☐ Shampoing ☐ .... ☐

....h....: ....
....h....: ....
....h....: ....

Mon Allaitement

Heure	Seins G/D	Durée	Biberon
....h....	☐G ☐D	.....min	........ml
....h....	☐G ☐D	.....min	........ml
....h....	☐G ☐D	.....min	........ml
....h....	☐G ☐D	.....min	........ml
....h....	☐G ☐D	.....min	........ml
....h....	☐G ☐D	.....min	........ml
....h....	☐G ☐D	.....min	........ml
....h....	☐G ☐D	.....min	........ml
....h....	☐G ☐D	.....min	........ml
....h....	☐G ☐D	.....min	........ml

Mon Sommeil

de ...h.... à ...h.... ....
de ...h.... à ...h.... ....
de ...h.... à ...h.... ....
de ...h.... à ...h.... ....
de ...h.... à ...h.... ....
de ...h.... à ...h.... ....
de ...h.... à ...h.... ....
de ...h.... à ...h.... ....

Mes Petites Notes

....
....
....
....
....
....
....
....

DATE :
… / … / ……

Humeur :
Activité / Moment de Bonheur:
....
....

Info importante du jour: ....

Mes Changes

Mouillé ☐☐☐☐☐☐☐
Selles ☐☐☐☐☐☐☐
(N: normal/ M: molle/D: Dure/ ....)

Mes Soins/ Traitements

Crème ☐☐☐☐☐☐☐
Nez ☐ Yeux ☐ Vitamine ☐ ....☐
Bain ☐ Shampoing ☐ ....☐

....
….h….: ....
….h….: ....
….h….: ....

Mon Allaitement

Heure	Seins G/D	Durée	Biberon
….h….	☐G ☐D	…..min	……..ml
….h….	☐G ☐D	…..min	……..ml
….h….	☐G ☐D	…..min	……..ml
….h….	☐G ☐D	…..min	……..ml
….h….	☐G ☐D	…..min	……..ml
….h….	☐G ☐D	…..min	……..ml
….h….	☐G ☐D	…..min	……..ml
….h….	☐G ☐D	…..min	……..ml
….h….	☐G ☐D	…..min	……..ml
….h….	☐G ☐D	…..min	……..ml

Mon Sommeil

de ….h…. à ….h…. ....
de ….h…. à ….h…. ....
de ….h…. à ….h…. ....
de ….h…. à ….h…. ....
de ….h…. à ….h…. ....
de ….h…. à ….h…. ....
de ….h…. à ….h…. ....
de ….h…. à ….h…. ....

Mes Petites Notes

....
....
....
....
....
....
....
....

DATE :
… / … / ……

Humeur :
Activité / Moment de Bonheur:
....
....

Info importante du jour: ....

Mes Changes
Mouillé ☐☐☐☐☐☐☐☐
Selles ☐☐☐☐☐☐☐☐
(N: normal/ M:molle/D:Dure/ ....)

Mes Soins/ Traitements
Crème ☐☐☐☐☐☐☐
Nez ☐ Yeux ☐ Vitamine ☐ ....☐
Bain ☐ Shampoing ☐ ....☐

....h....: ....
....h....: ....
....h....: ....

Mon Allaitement
Heure   Seins G/D   Durée   Biberon
....h....   ☐G ☐D   .....min   ....ml
....h....   ☐G ☐D   .....min   ....ml
....h....   ☐G ☐D   .....min   ....ml
....h....   ☐G ☐D   .....min   ....ml
....h....   ☐G ☐D   .....min   ....ml
....h....   ☐G ☐D   .....min   ....ml
....h....   ☐G ☐D   .....min   ....ml
....h....   ☐G ☐D   .....min   ....ml
....h....   ☐G ☐D   .....min   ....ml
....h....   ☐G ☐D   .....min   ....ml

Mon Sommeil
de ....h.... à ....h.... ....
de ....h.... à ....h.... ....
de ....h.... à ....h.... ....
de ....h.... à ....h.... ....
de ....h.... à ....h.... ....
de ....h.... à ....h.... ....
de ....h.... à ....h.... ....
de ....h.... à ....h.... ....

Mes Petites Notes
....
....
....
....
....
....
....
....
....

DATE :
... / ... / ......

Humeur :
Activité / Moment de Bonheur:
....
....

Info importante du jour: ....

Mes Changes
Mouillé ☐☐☐☐☐☐☐
Selles ☐☐☐☐☐☐☐
(N: normal/ M: molle/ D: Dure/ ....)

Mes Soins/ Traitements
Crème ☐☐☐☐☐☐☐
Nez ☐ Yeux ☐ Vitamine ☐ .... ☐
Bain ☐ Shampoing ☐ .... ☐

....
....h...: ....
....h...: ....
....h...: ....

Mon Allaitement
Heure   Seins G/D   Durée   Biberon
...h... ☐G ☐D   .....min ....ml
...h... ☐G ☐D   .....min ....ml
...h... ☐G ☐D   .....min ....ml
...h... ☐G ☐D   .....min ....ml
...h... ☐G ☐D   .....min ....ml
...h... ☐G ☐D   .....min ....ml
...h... ☐G ☐D   .....min ....ml
...h... ☐G ☐D   .....min ....ml
...h... ☐G ☐D   .....min ....ml
...h... ☐G ☐D   .....min ....ml

Mon Sommeil
de ....h.... à ....h.... ....
de ....h.... à ....h.... ....
de ....h.... à ....h.... ....
de ....h.... à ....h.... ....
de ....h.... à ....h.... ....
de ....h.... à ....h.... ....
de ....h.... à ....h.... ....
de ....h.... à ....h.... ....

Mes Petites Notes
....
....
....
....
....
....
....
....
....

DATE :
… / … / ……

Humeur :

Activité / Moment de Bonheur:
....
....

Info importante du jour: ....

Mes Changes

Mouillé ☐☐☐☐☐☐☐
Selles ☐☐☐☐☐☐☐
(N: normal/ M:molle/D:Dure/ ....)

Mes Soins/ Traitements

Crème ☐☐☐☐☐☐☐
Nez ☐ Yeux ☐ Vitamine ☐ .... ☐
Bain ☐ Shampoing ☐ .... ☐

....
….h….:
….h….:
….h….:

Mon Allaitement

Heure	Seins G/D	Durée	Biberon
….h….	☐G ☐D	…..min	……..ml
….h….	☐G ☐D	…..min	……..ml
….h….	☐G ☐D	…..min	……..ml
….h….	☐G ☐D	…..min	……..ml
….h….	☐G ☐D	…..min	……..ml
….h….	☐G ☐D	…..min	……..ml
….h….	☐G ☐D	…..min	……..ml
….h….	☐G ☐D	…..min	……..ml
….h….	☐G ☐D	…..min	……..ml
….h….	☐G ☐D	…..min	……..ml

Mon Sommeil

de ….h…. à ….h…. ....
de ….h…. à ….h…. ....
de ….h…. à ….h…. ....
de ….h…. à ….h…. ....
de ….h…. à ….h…. ....
de ….h…. à ….h…. ....
de ….h…. à ….h…. ....
de ….h…. à ….h…. ....

Mes Petites Notes

....
....
....
....
....
....
....
....

DATE :
… / … / ……

Humeur :

Activité / Moment de Bonheur:
....
....

Info importante du jour: ....

Mes Changes

Mouillé ☐☐☐☐☐☐☐
Selles ☐☐☐☐☐☐☐
(N: normal/ M:molle/D:Dure/ ....)

Mes Soins/ Traitements

Crème ☐☐☐☐☐☐☐
Nez ☐ Yeux ☐ Vitamine ☐ .... ☐
Bain ☐ Shampoing ☐ .... ☐

….h….: ....
….h….: ....
….h….: ....

Mon Allaitement

Heure	Seins G/D	Durée	Biberon
….h….	☐G ☐D	…..min	……..ml
….h….	☐G ☐D	…..min	……..ml
….h….	☐G ☐D	…..min	……..ml
….h….	☐G ☐D	…..min	……..ml
….h….	☐G ☐D	…..min	……..ml
….h….	☐G ☐D	…..min	……..ml
….h….	☐G ☐D	…..min	……..ml
….h….	☐G ☐D	…..min	……..ml
….h….	☐G ☐D	…..min	……..ml
….h….	☐G ☐D	…..min	……..ml

Mon Sommeil

de ….h…. à ….h…. ....
de ….h…. à ….h…. ....
de ….h…. à ….h…. ....
de ….h…. à ….h…. ....
de ….h…. à ….h…. ....
de ….h…. à ….h…. ....
de ….h…. à ….h…. ....
de ….h…. à ….h…. ....

Mes Petites Notes

....
....
....
....
....
....
....
....

DATE :
… / … / ……

Humeur :
Activité / Moment de Bonheur:
....
....

Info importante du jour: ....

Mes Changes
Mouillé ☐☐☐☐☐☐☐☐
Selles ☐☐☐☐☐☐☐☐
(N: normal/ M: molle/ D: Dure/ ....)

Mes Soins/ Traitements
Crème ☐☐☐☐☐☐☐
Nez ☐ Yeux ☐ Vitamine ☐ ....☐
Bain ☐ Shampoing ☐ ....☐

…h…. : ....
…h…. : ....
…h…. : ....

Mon Allaitement
Heure	Seins G/D	Durée	Biberon
….h….	☐G ☐D	…..min	……..ml
….h….	☐G ☐D	…..min	……..ml
….h….	☐G ☐D	…..min	……..ml
….h….	☐G ☐D	…..min	……..ml
….h….	☐G ☐D	…..min	……..ml
….h….	☐G ☐D	…..min	……..ml
….h….	☐G ☐D	…..min	……..ml
….h….	☐G ☐D	…..min	……..ml
….h….	☐G ☐D	…..min	……..ml
….h….	☐G ☐D	…..min	……..ml
….h….	☐G ☐D	…..min	……..ml

Mon Sommeil
de ….h…. à ….h…. ....
de ….h…. à ….h…. ....
de ….h…. à ….h…. ....
de ….h…. à ….h…. ....
de ….h…. à ….h…. ....
de ….h…. à ….h…. ....
de ….h…. à ….h…. ....
de ….h…. à ….h…. ....

Mes Petites Notes
....
....
....
....
....
....
....
....

DATE :
…/ … / ……

Humeur :
Activité / Moment de Bonheur:
....
....

Info importante du jour: ....

Mes Changes

Mouillé ☐☐☐☐☐☐☐
Selles ☐☐☐☐☐☐☐
(N: normal/ M:molle/D:Dure/ …………)

Mes Soins/ Traitements

Crème ☐☐☐☐☐☐☐
Nez ☐ Yeux ☐ Vitamine ☐ ……… ☐
Bain ☐ Shampoing ☐ ……………… ☐

....
…h…. :
…h…. :
…h…. :

Mon Allaitement

Heure	Seins G/D	Durée	Biberon
…h…	☐G ☐D	…min	……ml
…h…	☐G ☐D	…min	……ml
…h…	☐G ☐D	…min	……ml
…h…	☐G ☐D	…min	……ml
…h…	☐G ☐D	…min	……ml
…h…	☐G ☐D	…min	……ml
…h…	☐G ☐D	…min	……ml
…h…	☐G ☐D	…min	……ml
…h…	☐G ☐D	…min	……ml
…h…	☐G ☐D	…min	……ml

Mon Sommeil

de …h… à …h… ……………
de …h… à …h… ……………
de …h… à …h… ……………
de …h… à …h… ……………
de …h… à …h… ……………
de …h… à …h… ……………
de …h… à …h… ……………
de …h… à …h… ……………

Mes Petites Notes

....
....
....
....
....
....
....
....

DATE :
... / ... / ......

Humeur :
Activité / Moment de Bonheur:
....
....

Info importante du jour: ....

Mes Changes
Mouillé ☐☐☐☐☐☐☐
Selles ☐☐☐☐☐☐☐
(N: normal/ M:molle/D:Dure/ ....)

Mes Soins/ Traitements
Crème ☐☐☐☐☐☐☐
Nez ☐ Yeux ☐ Vitamine ☐ ....☐
Bain ☐ Shampoing ☐ ....☐

....
...h...: ....
...h...: ....
...h...: ....

Mon Allaitement
Heure   Seins G/D   Durée   Biberon
...h...   ☐G ☐D   .....min   ....ml
...h...   ☐G ☐D   .....min   ....ml
...h...   ☐G ☐D   .....min   ....ml
...h...   ☐G ☐D   .....min   ....ml
...h...   ☐G ☐D   .....min   ....ml
...h...   ☐G ☐D   .....min   ....ml
...h...   ☐G ☐D   .....min   ....ml
...h...   ☐G ☐D   .....min   ....ml
...h...   ☐G ☐D   .....min   ....ml
...h...   ☐G ☐D   .....min   ....ml

Mon Sommeil
de ...h... à ...h... ....
de ...h... à ...h... ....
de ...h... à ...h... ....
de ...h... à ...h... ....
de ...h... à ...h... ....
de ...h... à ...h... ....
de ...h... à ...h... ....
de ...h... à ...h... ....

Mes Petites Notes
....
....
....
....
....
....
....
....

DATE : …/…/……

Humeur :

Activité / Moment de Bonheur:
....
....

Info importante du jour: ....

Mes Changes

Mouillé ☐☐☐☐☐☐☐
Selles ☐☐☐☐☐☐☐
(N: normal/ M: molle/ D: Dure/ ....)

Mes Soins/ Traitements

Crème ☐☐☐☐☐☐☐
Nez ☐ Yeux ☐ Vitamine ☐ .... ☐
Bain ☐ Shampoing ☐ .... ☐

....
....h....:
....h....:
....h....:

Mon Allaitement

Heure	Seins G/D	Durée	Biberon
…h…	☐G ☐D	…min	…….ml
…h…	☐G ☐D	…min	…….ml
…h…	☐G ☐D	…min	…….ml
…h…	☐G ☐D	…min	…….ml
…h…	☐G ☐D	…min	…….ml
…h…	☐G ☐D	…min	…….ml
…h…	☐G ☐D	…min	…….ml
…h…	☐G ☐D	…min	…….ml
…h…	☐G ☐D	…min	…….ml
…h…	☐G ☐D	…min	…….ml

Mon Sommeil

de ....h.... à ....h.... ....
de ....h.... à ....h.... ....
de ....h.... à ....h.... ....
de ....h.... à ....h.... ....
de ....h.... à ....h.... ....
de ....h.... à ....h.... ....
de ....h.... à ....h.... ....
de ....h.... à ....h.... ....

Mes Petites Notes

....
....
....
....
....
....
....
....

DATE :
… / … / ……

Humeur :
Activité / Moment de Bonheur:
....
....

Info importante du jour: ....

Mes Changes
Mouillé ☐☐☐☐☐☐☐
Selles ☐☐☐☐☐☐☐
(N: normal/ M:molle/D:Dure/ ....)

Mes Soins/ Traitements
Crème ☐☐☐☐☐☐☐
Nez ☐ Yeux ☐ Vitamine ☐ .... ☐
Bain ☐ Shampoing ☐ .... ☐

….h…. :
….h…. :
….h…. :

Mon Allaitement
Heure   Seins G/D   Durée   Biberon
….h….   ☐G ☐D   …..min   ……..ml
….h….   ☐G ☐D   …..min   ……..ml
….h….   ☐G ☐D   …..min   ……..ml
….h….   ☐G ☐D   …..min   ……..ml
….h….   ☐G ☐D   …..min   ……..ml
….h….   ☐G ☐D   …..min   ……..ml
….h….   ☐G ☐D   …..min   ……..ml
….h….   ☐G ☐D   …..min   ……..ml
….h….   ☐G ☐D   …..min   ……..ml
….h….   ☐G ☐D   …..min   ……..ml
….h….   ☐G ☐D   …..min   ……..ml

Mon Sommeil
de ….h…. à ….h…. ....
de ….h…. à ….h…. ....
de ….h…. à ….h…. ....
de ….h…. à ….h…. ....
de ….h…. à ….h…. ....
de ….h…. à ….h…. ....
de ….h…. à ….h…. ....
de ….h…. à ….h…. ....

Mes Petites Notes
....
....
....
....
....
....
....
....
....

DATE :
... / ... / ......

Humeur :

Activité / Moment de Bonheur:
....
....

Info importante du jour: ....

Mes Changes

Mouillé ☐☐☐☐☐☐☐
Selles ☐☐☐☐☐☐☐
(N: normal/ M: molle/ D: Dure/ ....)

Mes Soins / Traitements

Crème ☐☐☐☐☐☐☐
Nez ☐ Yeux ☐ Vitamine ☐ .... ☐
Bain ☐ Shampoing ☐ .... ☐

....h....: ....
....h....: ....
....h....: ....

Mon Allaitement

Heure	Seins G/D	Durée	Biberon
....h....	☐G ☐D	.....min	........ml
....h....	☐G ☐D	.....min	........ml
....h....	☐G ☐D	.....min	........ml
....h....	☐G ☐D	.....min	........ml
....h....	☐G ☐D	.....min	........ml
....h....	☐G ☐D	.....min	........ml
....h....	☐G ☐D	.....min	........ml
....h....	☐G ☐D	.....min	........ml
....h....	☐G ☐D	.....min	........ml
....h....	☐G ☐D	.....min	........ml

Mon Sommeil

de ....h.... à ....h.... ....
de ....h.... à ....h.... ....
de ....h.... à ....h.... ....
de ....h.... à ....h.... ....
de ....h.... à ....h.... ....
de ....h.... à ....h.... ....
de ....h.... à ....h.... ....
de ....h.... à ....h.... ....

Mes Petites Notes

....
....
....
....
....
....
....
....

DATE :
… / … / ……

Humeur :
Activité / Moment de Bonheur:
....
....

Info importante du jour: ....

Mes Changes
Mouillé ☐☐☐☐☐☐☐
Selles ☐☐☐☐☐☐☐
(N: normal/ M:molle/D:Dure/ ....)

Mes Soins/ Traitements
Crème ☐☐☐☐☐☐☐
Nez ☐ Yeux ☐ Vitamine ☐ .... ☐
Bain ☐ Shampoing ☐ .... ☐

....
….h….:
….h….:
….h….:

Mon Allaitement
Heure   Seins G/D   Durée   Biberon
….h….   ☐G ☐D   …..min   ……..ml
….h….   ☐G ☐D   …..min   ……..ml
….h….   ☐G ☐D   …..min   ……..ml
….h….   ☐G ☐D   …..min   ……..ml
….h….   ☐G ☐D   …..min   ……..ml
….h….   ☐G ☐D   …..min   ……..ml
….h….   ☐G ☐D   …..min   ……..ml
….h….   ☐G ☐D   …..min   ……..ml
….h….   ☐G ☐D   …..min   ……..ml
….h….   ☐G ☐D   …..min   ……..ml

Mon Sommeil
de ….h…. à ….h…. ……………..
de ….h…. à ….h…. ……………..
de ….h…. à ….h…. ……………..
de ….h…. à ….h…. ……………..
de ….h…. à ….h…. ……………..
de ….h…. à ….h…. ……………..
de ….h…. à ….h…. ……………..
de ….h…. à ….h…. ……………..

Mes Petites Notes
....
....
....
....
....
....
....
....
....

DATE : … / … / ……

Humeur :

Activité / Moment de Bonheur:
....
....

Info importante du jour: ....

Mes Changes

Mouillé ☐☐☐☐☐☐☐
Selles ☐☐☐☐☐☐☐
(N: normal/ M:molle/D:Dure/ ....)

Mes Soins/ Traitements

Crème ☐☐☐☐☐☐☐
Nez ☐ Yeux ☐ Vitamine ☐ .... ☐
Bain ☐ Shampoing ☐ .... ☐

….h….: ....
….h….: ....
….h….: ....

Mon Allaitement

Heure	Seins G/D	Durée	Biberon
….h….	☐G ☐D	…..min	……..ml
….h….	☐G ☐D	…..min	……..ml
….h….	☐G ☐D	…..min	……..ml
….h….	☐G ☐D	…..min	……..ml
….h….	☐G ☐D	…..min	……..ml
….h….	☐G ☐D	…..min	……..ml
….h….	☐G ☐D	…..min	……..ml
….h….	☐G ☐D	…..min	……..ml
….h….	☐G ☐D	…..min	……..ml
….h….	☐G ☐D	…..min	……..ml

Mon Sommeil

de ….h…. à ….h…. ....
de ….h…. à ….h…. ....
de ….h…. à ….h…. ....
de ….h…. à ….h…. ....
de ….h…. à ….h…. ....
de ….h…. à ….h…. ....
de ….h…. à ….h…. ....
de ….h…. à ….h…. ....

Mes Petites Notes

....
....
....
....
....
....
....
....

DATE :
... / ... / ......

Humeur :

Activité / Moment de Bonheur:
....
....

Info importante du jour: ....

Mes Changes

Mouillé ☐☐☐☐☐☐☐☐
Selles ☐☐☐☐☐☐☐☐
(N: normal/ M:molle/D:Dure/ ....)

Mes Soins/ Traitements

Crème ☐☐☐☐☐☐☐
Nez ☐ Yeux ☐ Vitamine ☐ .... ☐
Bain ☐ Shampoing ☐ .... ☐

....h....: ....
....h....: ....
....h....: ....

Mon Allaitement

Heure	Seins G/D	Durée	Biberon
....h....	☐G ☐D	.....min	........ml
....h....	☐G ☐D	.....min	........ml
....h....	☐G ☐D	.....min	........ml
....h....	☐G ☐D	.....min	........ml
....h....	☐G ☐D	.....min	........ml
....h....	☐G ☐D	.....min	........ml
....h....	☐G ☐D	.....min	........ml
....h....	☐G ☐D	.....min	........ml
....h....	☐G ☐D	.....min	........ml
....h....	☐G ☐D	.....min	........ml

Mon Sommeil

de ....h.... à ....h.... ....
de ....h.... à ....h.... ....
de ....h.... à ....h.... ....
de ....h.... à ....h.... ....
de ....h.... à ....h.... ....
de ....h.... à ....h.... ....
de ....h.... à ....h.... ....
de ....h.... à ....h.... ....

Mes Petites Notes

....
....
....
....
....
....
....
....

DATE :
… / … / ……

Humeur :
Activité / Moment de Bonheur:
....
....

Info importante du jour: ....

Mes Changes

Mouillé ☐☐☐☐☐☐☐
Selles ☐☐☐☐☐☐☐
(N: normal/ M: molle/ D: Dure/ ....)

Mes Soins/ Traitements

Crème ☐☐☐☐☐☐☐
Nez ☐ Yeux ☐ Vitamine ☐ .... ☐
Bain ☐ Shampoing ☐ .... ☐

....
….h….:
….h….:
….h….:

Mon Allaitement

Heure	Seins G/D	Durée	Biberon
…h…	☐G ☐D	…..min	……..ml
…h…	☐G ☐D	…..min	……..ml
…h…	☐G ☐D	…..min	……..ml
…h…	☐G ☐D	…..min	……..ml
…h…	☐G ☐D	…..min	……..ml
…h…	☐G ☐D	…..min	……..ml
…h…	☐G ☐D	…..min	……..ml
…h…	☐G ☐D	…..min	……..ml
…h…	☐G ☐D	…..min	……..ml
…h…	☐G ☐D	…..min	……..ml

Mon Sommeil

de ….h…. à ….h…. ....
de ….h…. à ….h…. ....
de ….h…. à ….h…. ....
de ….h…. à ….h…. ....
de ….h…. à ….h…. ....
de ….h…. à ….h…. ....
de ….h…. à ….h…. ....
de ….h…. à ….h…. ....

Mes Petites Notes

....
....
....
....
....
....
....
....

DATE :
… / … / ……

Humeur :
Activité / Moment de Bonheur:
....
....

Info importante du jour: ....

Mes Changes
Mouillé ☐☐☐☐☐☐☐
Selles ☐☐☐☐☐☐☐
(N: normal/ M:molle/D:Dure/ ....)

Mes Soins/ Traitements
Crème ☐☐☐☐☐☐☐
Nez ☐ Yeux ☐ Vitamine ☐ ……… ☐
Bain ☐ Shampoing ☐ ………………… ☐

....
…h…. :
…h…. :
…h…. :

Mon Allaitement
Heure Seins G/D Durée Biberon
…h…. ☐G ☐D …..min ……..ml
…h…. ☐G ☐D …..min ……..ml
…h…. ☐G ☐D …..min ……..ml
…h…. ☐G ☐D …..min ……..ml
…h…. ☐G ☐D …..min ……..ml
…h…. ☐G ☐D …..min ……..ml
…h…. ☐G ☐D …..min ……..ml
…h…. ☐G ☐D …..min ……..ml
…h…. ☐G ☐D …..min ……..ml
…h…. ☐G ☐D …..min ……..ml

Mon Sommeil
de …h…. à …h…. ………………
de …h…. à …h…. ………………
de …h…. à …h…. ………………
de …h…. à …h…. ………………
de …h…. à …h…. ………………
de …h…. à …h…. ………………
de …h…. à …h…. ………………
de …h…. à …h…. ………………

Mes Petites Notes
....
....
....
....
....
....
....
....

DATE : ..... / ..... / ....

Humeur :

Activité / Moment de Bonheur:
....
....

Info importante du jour: ....

Mes Changes

Mouillé ☐☐☐☐☐☐☐
Selles ☐☐☐☐☐☐☐
(N: normal/ M: molle/ D: Dure/ ....)

Mes Soins/ Traitements

Crème ☐☐☐☐☐☐☐
Nez ☐ Yeux ☐ Vitamine ☐ .... ☐
Bain ☐ Shampoing ☐ .... ☐

....
....h....:
....h....:
....h....:

Mon Allaitement

Heure	Seins G/D	Durée	Biberon
....h....	☐G ☐D	.....min	........ml
....h....	☐G ☐D	.....min	........ml
....h....	☐G ☐D	.....min	........ml
....h....	☐G ☐D	.....min	........ml
....h....	☐G ☐D	.....min	........ml
....h....	☐G ☐D	.....min	........ml
....h....	☐G ☐D	.....min	........ml
....h....	☐G ☐D	.....min	........ml
....h....	☐G ☐D	.....min	........ml
....h....	☐G ☐D	.....min	........ml

Mon Sommeil

de ....h.... à ....h.... ....
de ....h.... à ....h.... ....
de ....h.... à ....h.... ....
de ....h.... à ....h.... ....
de ....h.... à ....h.... ....
de ....h.... à ....h.... ....
de ....h.... à ....h.... ....
de ....h.... à ....h.... ....

Mes Petites Notes

....
....
....
....
....
....
....
....

DATE : ... / ... / ......

Humeur :

Activité / Moment de Bonheur:
....
....

Info importante du jour: ....

Mes Changes

Mouillé ☐☐☐☐☐☐☐☐
Selles ☐☐☐☐☐☐☐☐
(N: normal/ M:molle/D:Dure/ ....)

Mes Soins/ Traitements

Crème ☐☐☐☐☐☐☐☐
Nez ☐ Yeux ☐ Vitamine ☐ .... ☐
Bain ☐ Shampoing ☐ .... ☐

....h....:
....h....:
....h....:

Mon Allaitement

Heure	Seins G/D	Durée	Biberon
....h....	☐G ☐D	.....min	........ml
....h....	☐G ☐D	.....min	........ml
....h....	☐G ☐D	.....min	........ml
....h....	☐G ☐D	.....min	........ml
....h....	☐G ☐D	.....min	........ml
....h....	☐G ☐D	.....min	........ml
....h....	☐G ☐D	.....min	........ml
....h....	☐G ☐D	.....min	........ml
....h....	☐G ☐D	.....min	........ml
....h....	☐G ☐D	.....min	........ml

Mon Sommeil

de ....h.... à ....h.... ....
de ....h.... à ....h.... ....
de ....h.... à ....h.... ....
de ....h.... à ....h.... ....
de ....h.... à ....h.... ....
de ....h.... à ....h.... ....
de ....h.... à ....h.... ....
de ....h.... à ....h.... ....

Mes Petites Notes

....
....
....
....
....
....
....
....
....

DATE : ..... / ..... / ....

Humeur :

Activité / Moment de Bonheur:
....
....

Info importante du jour: ....

Mes Changes

Mouillé ☐☐☐☐☐☐☐
Selles ☐☐☐☐☐☐☐
(N: normal/ M:molle/D:Dure/ ....)

Mes Soins/ Traitements

Crème ☐☐☐☐☐☐☐
Nez ☐ Yeux ☐ Vitamine ☐ ☐
Bain ☐ Shampoing ☐ .... ☐

....
....h....:
....h....:
....h....:

Mon Allaitement

Heure	Seins G/D	Durée	Biberon
....h....	☐G ☐D	.....min	........ml
....h....	☐G ☐D	.....min	........ml
....h....	☐G ☐D	.....min	........ml
....h....	☐G ☐D	.....min	........ml
....h....	☐G ☐D	.....min	........ml
....h....	☐G ☐D	.....min	........ml
....h....	☐G ☐D	.....min	........ml
....h....	☐G ☐D	.....min	........ml
....h....	☐G ☐D	.....min	........ml
....h....	☐G ☐D	.....min	........ml

Mon Sommeil

de ....h.... à ....h.... ....
de ....h.... à ....h.... ....
de ....h.... à ....h.... ....
de ....h.... à ....h.... ....
de ....h.... à ....h.... ....
de ....h.... à ....h.... ....
de ....h.... à ....h.... ....
de ....h.... à ....h.... ....

Mes Petites Notes

....
....
....
....
....
....
....
....

DATE :
… / … / ……

Humeur :
Activité / Moment de Bonheur:
....
....

Info importante du jour: ....

Mes Changes
Mouillé ☐ ☐ ☐ ☐ ☐ ☐ ☐
Selles ☐ ☐ ☐ ☐ ☐ ☐ ☐
(N: normal/ M:molle/D:Dure/ ....)

Mes Soins/ Traitements
Crème ☐ ☐ ☐ ☐ ☐ ☐ ☐
Nez ☐ Yeux ☐ Vitamine ☐ .... ☐
Bain ☐ Shampoing ☐ .... ☐
....
…h…. :
…h…. :
…h…. :

Mon Allaitement
Heure	Seins G/D	Durée	Biberon
…h…	☐G ☐D	…..min	……..ml
…h…	☐G ☐D	…..min	……..ml
…h…	☐G ☐D	…..min	……..ml
…h…	☐G ☐D	…..min	……..ml
…h…	☐G ☐D	…..min	……..ml
…h…	☐G ☐D	…..min	……..ml
…h…	☐G ☐D	…..min	……..ml
…h…	☐G ☐D	…..min	……..ml
…h…	☐G ☐D	…..min	……..ml
…h…	☐G ☐D	…..min	……..ml

Mon Sommeil
de …h…. à …h…. ....
de …h…. à …h…. ....
de …h…. à …h…. ....
de …h…. à …h…. ....
de …h…. à …h…. ....
de …h…. à …h…. ....
de …h…. à …h…. ....
de …h…. à …h…. ....

Mes Petites Notes
....
....
....
....
....
....
....
....

DATE :
... / ... / ......

Humeur :

Activité / Moment de Bonheur:
....
....

Info importante du jour: ....

Mes Changes

Mouillé ☐☐☐☐☐☐☐☐
Selles ☐☐☐☐☐☐☐☐
(N: normal/ M: molle/D: Dure/ ....)

Mes Soins/ Traitements

Crème ☐☐☐☐☐☐☐
Nez ☐ Yeux ☐ Vitamine ☐ .... ☐
Bain ☐ Shampoing ☐ .... ☐

....
....h....:
....h....:
....h....:

Mon Sommeil

de ....h.... à ....h.... ....
de ....h.... à ....h.... ....
de ....h.... à ....h.... ....
de ....h.... à ....h.... ....
de ....h.... à ....h.... ....
de ....h.... à ....h.... ....
de ....h.... à ....h.... ....
de ....h.... à ....h.... ....

Mon Allaitement

Heure	Seins G/D	Durée	Biberon
....h....	☐G ☐D	.....min	........ml
....h....	☐G ☐D	.....min	........ml
....h....	☐G ☐D	.....min	........ml
....h....	☐G ☐D	.....min	........ml
....h....	☐G ☐D	.....min	........ml
....h....	☐G ☐D	.....min	........ml
....h....	☐G ☐D	.....min	........ml
....h....	☐G ☐D	.....min	........ml
....h....	☐G ☐D	.....min	........ml
....h....	☐G ☐D	.....min	........ml

Mes Petites Notes

....
....
....
....
....
....
....
....

DATE :
…/ … / ……

Humeur :
Activité / Moment de Bonheur:
....
....

Info importante du jour: ....

Mes Changes

Mouillé ☐☐☐☐☐☐☐☐
Selles ☐☐☐☐☐☐☐☐
(N: normal/ M: molle/ D: Dure/ ....)

Mes Soins/ Traitements

Crème ☐☐☐☐☐☐☐
Nez ☐ Yeux ☐ Vitamine ☐ ....☐
Bain ☐ Shampoing ☐ ....☐

....
….h…. :
….h…. :
….h…. :

Mon Allaitement

Heure	Seins G/D	Durée	Biberon
….h….	☐G ☐D	…..min	……..ml
….h….	☐G ☐D	…..min	……..ml
….h….	☐G ☐D	…..min	……..ml
….h….	☐G ☐D	…..min	……..ml
….h….	☐G ☐D	…..min	……..ml
….h….	☐G ☐D	…..min	……..ml
….h….	☐G ☐D	…..min	……..ml
….h….	☐G ☐D	…..min	……..ml
….h….	☐G ☐D	…..min	……..ml
….h….	☐G ☐D	…..min	……..ml

Mon Sommeil

de ….h…. à ….h…. ....
de ….h…. à ….h…. ....
de ….h…. à ….h…. ....
de ….h…. à ….h…. ....
de ….h…. à ….h…. ....
de ….h…. à ….h…. ....
de ….h…. à ….h…. ....
de ….h…. à ….h…. ....

Mes Petites Notes

....
....
....
....
....
....
....
....

DATE :
.... / .... / ......

Humeur :

Activité / Moment de Bonheur:
....
....

Info importante du jour: ....

Mes Changes

Mouillé ☐☐☐☐☐☐☐
Selles ☐☐☐☐☐☐☐
(N: normal/ M: molle/D: Dure/ ....)

Mes Soins/ Traitements

Crème ☐☐☐☐☐☐☐
Nez ☐ Yeux ☐ Vitamine ☐ .... ☐
Bain ☐ Shampoing ☐ .... ☐

....
....h....: ....
....h....: ....
....h....: ....

Mon Allaitement

Heure	Seins G/D	Durée	Biberon
....h....	☐G ☐D	.....min	........ml
....h....	☐G ☐D	.....min	........ml
....h....	☐G ☐D	.....min	........ml
....h....	☐G ☐D	.....min	........ml
....h....	☐G ☐D	.....min	........ml
....h....	☐G ☐D	.....min	........ml
....h....	☐G ☐D	.....min	........ml
....h....	☐G ☐D	.....min	........ml
....h....	☐G ☐D	.....min	........ml
....h....	☐G ☐D	.....min	........ml

Mon Sommeil

de ....h.... à ....h.... ....
de ....h.... à ....h.... ....
de ....h.... à ....h.... ....
de ....h.... à ....h.... ....
de ....h.... à ....h.... ....
de ....h.... à ....h.... ....
de ....h.... à ....h.... ....
de ....h.... à ....h.... ....

Mes Petites Notes

....
....
....
....
....
....
....
....

DATE :
… / … / ……

Humeur :

Activité / Moment de Bonheur:
…………………………………………………
…………………………………………………

Info importante du jour: ……………………………………………………………………

Mes Changes
Mouillé ☐☐☐☐☐☐☐
Selles ☐☐☐☐☐☐☐
(N: normal/ M:molle/D:Dure/ …………………)

Mes Soins/ Traitements
Crème ☐☐☐☐☐☐☐
Nez ☐ Yeux ☐ Vitamine ☐ ……… ☐
Bain ☐ Shampoing ☐ ……………… ☐

…………………………………………………
…h… :
…h… :
…h… :

Mon Allaitement
Heure   Seins G/D   Durée   Biberon
…h…   ☐G ☐D   …..min   …….ml
…h…   ☐G ☐D   …..min   …….ml
…h…   ☐G ☐D   …..min   …….ml
…h…   ☐G ☐D   …..min   …….ml
…h…   ☐G ☐D   …..min   …….ml
…h…   ☐G ☐D   …..min   …….ml
…h…   ☐G ☐D   …..min   …….ml
…h…   ☐G ☐D   …..min   …….ml
…h…   ☐G ☐D   …..min   …….ml
…h…   ☐G ☐D   …..min   …….ml

Mon Sommeil
de …h… à …h… ……………
de …h… à …h… ……………
de …h… à …h… ……………
de …h… à …h… ……………
de …h… à …h… ……………
de …h… à …h… ……………
de …h… à …h… ……………
de …h… à …h… ……………

Mes Petites Notes
…………………………………………………
…………………………………………………
…………………………………………………
…………………………………………………
…………………………………………………
…………………………………………………
…………………………………………………
…………………………………………………

DATE :
..... / ..... / ....

Humeur :

Activité / Moment de Bonheur:
....
....

Info importante du jour: ....

Mes Changes

Mouillé ☐☐☐☐☐☐☐
Selles ☐☐☐☐☐☐☐
(N: normal/ M: molle/ D: Dure/ ....)

Mes Soins/ Traitements

Crème ☐☐☐☐☐☐☐
Nez ☐ Yeux ☐ Vitamine ☐ .... ☐
Bain ☐ Shampoing ☐ .... ☐

....
....h....:
....h....:
....h....:

Mon Allaitement

Heure	Seins G/D	Durée	Biberon
....h....	☐G ☐D	.....min	........ml
....h....	☐G ☐D	.....min	........ml
....h....	☐G ☐D	.....min	........ml
....h....	☐G ☐D	.....min	........ml
....h....	☐G ☐D	.....min	........ml
....h....	☐G ☐D	.....min	........ml
....h....	☐G ☐D	.....min	........ml
....h....	☐G ☐D	.....min	........ml
....h....	☐G ☐D	.....min	........ml
....h....	☐G ☐D	.....min	........ml

Mon Sommeil

de ....h.... à ....h.... ....
de ....h.... à ....h.... ....
de ....h.... à ....h.... ....
de ....h.... à ....h.... ....
de ....h.... à ....h.... ....
de ....h.... à ....h.... ....
de ....h.... à ....h.... ....
de ....h.... à ....h.... ....

Mes Petites Notes

....
....
....
....
....
....
....
....

DATE :
… / … / ……

Humeur :
Activité / Moment de Bonheur:
....
....

Info importante du jour: ....

Mes Changes
Mouillé ☐☐☐☐☐☐☐
Selles ☐☐☐☐☐☐☐
(N: normal/ M: molle/ D: Dure/ ....)

Mes Soins/ Traitements
Crème ☐☐☐☐☐☐☐
Nez ☐ Yeux ☐ Vitamine ☐ .... ☐
Bain ☐ Shampoing ☐ .... ☐

….h….: ....
….h….: ....
….h….: ....

Mon Allaitement
Heure	Seins G/D	Durée	Biberon
….h….	☐G ☐D	…..min	……..ml
….h….	☐G ☐D	…..min	……..ml
….h….	☐G ☐D	…..min	……..ml
….h….	☐G ☐D	…..min	……..ml
….h….	☐G ☐D	…..min	……..ml
….h….	☐G ☐D	…..min	……..ml
….h….	☐G ☐D	…..min	……..ml
….h….	☐G ☐D	…..min	……..ml
….h….	☐G ☐D	…..min	……..ml
….h….	☐G ☐D	…..min	……..ml

Mon Sommeil
de …h…. à …h…. ....
de …h…. à …h…. ....
de …h…. à …h…. ....
de …h…. à …h…. ....
de …h…. à …h…. ....
de …h…. à …h…. ....
de …h…. à …h…. ....
de …h…. à …h…. ....

Mes Petites Notes
....
....
....
....
....
....
....
....

DATE :
… / … / ……

Humeur : ☀️ ☁️ ⛈️ 🌙

Activité / Moment de Bonheur:
....
....

Info importante du jour: ....

Mes Changes

Mouillé ☐☐☐☐☐☐☐☐
Selles ☐☐☐☐☐☐☐☐
(N: normal/ M: molle/D: Dure/ ....)

Mes Soins/ Traitements

Crème ☐☐☐☐☐☐☐☐
Nez ☐ Yeux ☐ Vitamine ☐ ....☐
Bain ☐ Shampoing ☐ ....☐

....
…h…: ....
…h…: ....
…h…: ....

Mon Allaitement

Heure	Seins G/D	Durée	Biberon
…h…	☐G ☐D	…min	……ml
…h…	☐G ☐D	…min	……ml
…h…	☐G ☐D	…min	……ml
…h…	☐G ☐D	…min	……ml
…h…	☐G ☐D	…min	……ml
…h…	☐G ☐D	…min	……ml
…h…	☐G ☐D	…min	……ml
…h…	☐G ☐D	…min	……ml
…h…	☐G ☐D	…min	……ml
…h…	☐G ☐D	…min	……ml

Mon Sommeil

de …h… à …h… ....
de …h… à …h… ....
de …h… à …h… ....
de …h… à …h… ....
de …h… à …h… ....
de …h… à …h… ....
de …h… à …h… ....
de …h… à …h… ....

Mes Petites Notes

....
....
....
....
....
....
....
....
....

DATE :
… / … / ……

Humeur :
Activité / Moment de Bonheur:
....
....

Info importante du jour: ....

Mes Changes

Mouillé ☐☐☐☐☐☐☐☐
Selles ☐☐☐☐☐☐☐☐
(N: normal/ M:molle/D:Dure/ ....)

Mes Soins/ Traitements

Crème ☐☐☐☐☐☐☐☐
Nez ☐ Yeux ☐ Vitamine ☐ .... ☐
Bain ☐ Shampoing ☐ .... ☐

....
…h…:
…h…:
…h…:

Mon Allaitement

Heure	Seins G/D	Durée	Biberon
…h…	☐G ☐D	…..min	……..ml
…h…	☐G ☐D	…..min	……..ml
…h…	☐G ☐D	…..min	……..ml
…h…	☐G ☐D	…..min	……..ml
…h…	☐G ☐D	…..min	……..ml
…h…	☐G ☐D	…..min	……..ml
…h…	☐G ☐D	…..min	……..ml
…h…	☐G ☐D	…..min	……..ml
…h…	☐G ☐D	…..min	……..ml
…h…	☐G ☐D	…..min	……..ml

Mon Sommeil

de …h… à …h… ....
de …h… à …h… ....
de …h… à …h… ....
de …h… à …h… ....
de …h… à …h… ....
de …h… à …h… ....
de …h… à …h… ....
de …h… à …h… ....

Mes Petites Notes

....
....
....
....
....
....
....
....
....

DATE : ..... / ..... / ......

Humeur :

Activité / Moment de Bonheur:
....
....

Info importante du jour: ....

Mes Changes

Mouillé ☐☐☐☐☐☐☐☐
Selles ☐☐☐☐☐☐☐☐
(N: normal/ M:molle/D:Dure/ ....)

Mes Soins/ Traitements

Crème ☐☐☐☐☐☐☐☐
Nez ☐ Yeux ☐ Vitamine ☐ .... ☐
Bain ☐ Shampoing ☐ .... ☐

....h....:
....h....:
....h....:

Mon Allaitement

Heure	Seins G/D	Durée	Biberon
....h....	☐G ☐D	.....min	.......ml
....h....	☐G ☐D	.....min	.......ml
....h....	☐G ☐D	.....min	.......ml
....h....	☐G ☐D	.....min	.......ml
....h....	☐G ☐D	.....min	.......ml
....h....	☐G ☐D	.....min	.......ml
....h....	☐G ☐D	.....min	.......ml
....h....	☐G ☐D	.....min	.......ml
....h....	☐G ☐D	.....min	.......ml
....h....	☐G ☐D	.....min	.......ml

Mon Sommeil

de ....h.... à ....h.... ....
de ....h.... à ....h.... ....
de ....h.... à ....h.... ....
de ....h.... à ....h.... ....
de ....h.... à ....h.... ....
de ....h.... à ....h.... ....
de ....h.... à ....h.... ....
de ....h.... à ....h.... ....

Mes Petites Notes

....
....
....
....
....
....
....
....

DATE :
… / … / ……

Humeur :
Activité / Moment de Bonheur:
....
....

Info importante du jour: ....

Mes Changes
Mouillé ☐☐☐☐☐☐☐
Selles ☐☐☐☐☐☐☐
(N: normal/ M:molle/D:Dure/ ....)

Mes Soins/ Traitements
Crème ☐☐☐☐☐☐☐
Nez ☐ Yeux ☐ Vitamine ☐ ……… ☐
Bain ☐ Shampoing ☐ ……………… ☐

….h….: ……………………………
….h….: ……………………………
….h….: ……………………………

Mon Allaitement

Heure	Seins G/D	Durée	Biberon
….h….	☐G ☐D	…..min	……..ml
….h….	☐G ☐D	…..min	……..ml
….h….	☐G ☐D	…..min	……..ml
….h….	☐G ☐D	…..min	……..ml
….h….	☐G ☐D	…..min	……..ml
….h….	☐G ☐D	…..min	……..ml
….h….	☐G ☐D	…..min	……..ml
….h….	☐G ☐D	…..min	……..ml
….h….	☐G ☐D	…..min	……..ml
….h….	☐G ☐D	…..min	……..ml

Mon Sommeil
de ….h…. à ….h…. ………………
de ….h…. à ….h…. ………………
de ….h…. à ….h…. ………………
de ….h…. à ….h…. ………………
de ….h…. à ….h…. ………………
de ….h…. à ….h…. ………………
de ….h…. à ….h…. ………………
de ….h…. à ….h…. ………………

Mes Petites Notes
………………………………………
………………………………………
………………………………………
………………………………………
………………………………………
………………………………………
………………………………………
………………………………………

DATE :
... / ... / ......

Humeur :

Activité / Moment de Bonheur:
....
....

Info importante du jour: ....

Mes Changes

Mouillé ☐☐☐☐☐☐☐
Selles ☐☐☐☐☐☐☐
(N: normal/ M: molle/ D: Dure/ ....)

Mes Soins/ Traitements

Crème ☐☐☐☐☐☐☐
Nez ☐ Yeux ☐ Vitamine ☐ .... ☐
Bain ☐ Shampoing ☐ .... ☐

....h....: ....
....h....: ....
....h....: ....

Mon Allaitement

Heure	Seins G/D	Durée	Biberon
....h....	☐G ☐D	.....min	........ml
....h....	☐G ☐D	.....min	........ml
....h....	☐G ☐D	.....min	........ml
....h....	☐G ☐D	.....min	........ml
....h....	☐G ☐D	.....min	........ml
....h....	☐G ☐D	.....min	........ml
....h....	☐G ☐D	.....min	........ml
....h....	☐G ☐D	.....min	........ml
....h....	☐G ☐D	.....min	........ml
....h....	☐G ☐D	.....min	........ml

Mon Sommeil

de ....h.... à ....h.... ....
de ....h.... à ....h.... ....
de ....h.... à ....h.... ....
de ....h.... à ....h.... ....
de ....h.... à ....h.... ....
de ....h.... à ....h.... ....
de ....h.... à ....h.... ....
de ....h.... à ....h.... ....

Mes Petites Notes

....
....
....
....
....
....
....
....
....

DATE :
… / … / ……

Humeur :
Activité / Moment de Bonheur:
....
....

Info importante du jour: ....

Mes Changes
Mouillé ☐☐☐☐☐☐☐
Selles ☐☐☐☐☐☐☐
(N: normal/ M:molle/D:Dure/ ....)

Mes Soins/ Traitements
Crème ☐☐☐☐☐☐☐
Nez ☐ Yeux ☐ Vitamine ☐ .... ☐
Bain ☐ Shampoing ☐ .... ☐

....
….h….:
….h….:
….h….:

Mon Allaitement
Heure	Seins G/D	Durée	Biberon
….h….	☐G ☐D	…..min	……..ml
….h….	☐G ☐D	…..min	……..ml
….h….	☐G ☐D	…..min	……..ml
….h….	☐G ☐D	…..min	……..ml
….h….	☐G ☐D	…..min	……..ml
….h….	☐G ☐D	…..min	……..ml
….h….	☐G ☐D	…..min	……..ml
….h….	☐G ☐D	…..min	……..ml
….h….	☐G ☐D	…..min	……..ml
….h….	☐G ☐D	…..min	……..ml

Mon Sommeil
de ….h…. à ….h…. ....
de ….h…. à ….h…. ....
de ….h…. à ….h…. ....
de ….h…. à ….h…. ....
de ….h…. à ….h…. ....
de ….h…. à ….h…. ....
de ….h…. à ….h…. ....
de ….h…. à ….h…. ....

Mes Petites Notes
....
....
....
....
....
....
....
....

DATE :
... / ... / ......

Humeur :

Activité / Moment de Bonheur:
....
....

Info importante du jour: ....

Mes Changes
Mouillé ☐☐☐☐☐☐☐
Selles ☐☐☐☐☐☐☐
(N: normal/ M:molle/D:Dure/ ....)

Mes Soins/ Traitements
Crème ☐☐☐☐☐☐☐
Nez ☐ Yeux ☐ Vitamine ☐ .... ☐
Bain ☐ Shampoing ☐ .... ☐

....
....h....:
....h....:
....h....:

Mon Allaitement

Heure	Seins G/D	Durée	Biberon
...h...	☐G ☐D	.....min	........ml
...h...	☐G ☐D	.....min	........ml
...h...	☐G ☐D	.....min	........ml
...h...	☐G ☐D	.....min	........ml
...h...	☐G ☐D	.....min	........ml
...h...	☐G ☐D	.....min	........ml
...h...	☐G ☐D	.....min	........ml
...h...	☐G ☐D	.....min	........ml
...h...	☐G ☐D	.....min	........ml
...h...	☐G ☐D	.....min	........ml

Mon Sommeil
de ...h.... à ...h.... ....
de ...h.... à ...h.... ....
de ...h.... à ...h.... ....
de ...h.... à ...h.... ....
de ...h.... à ...h.... ....
de ...h.... à ...h.... ....
de ...h.... à ...h.... ....
de ...h.... à ...h.... ....

Mes Petites Notes
....
....
....
....
....
....
....
....

DATE :
… / … / ……

Humeur :
Activité / Moment de Bonheur:
....
....

Info importante du jour: ....

Mes Changes

Mouillé ☐☐☐☐☐☐☐
Selles ☐☐☐☐☐☐☐
(N: normal/ M:molle/D:Dure/ ....)

Mes Soins/ Traitements

Crème ☐☐☐☐☐☐☐
Nez ☐ Yeux ☐ Vitamine ☐ .... ☐
Bain ☐ Shampoing ☐ .... ☐

….h….: ....
….h….: ....
….h….: ....

Mon Allaitement

Heure	Seins G/D	Durée	Biberon
….h….	☐G ☐D	…..min	……..ml
….h….	☐G ☐D	…..min	……..ml
….h….	☐G ☐D	…..min	……..ml
….h….	☐G ☐D	…..min	……..ml
….h….	☐G ☐D	…..min	……..ml
….h….	☐G ☐D	…..min	……..ml
….h….	☐G ☐D	…..min	……..ml
….h….	☐G ☐D	…..min	……..ml
….h….	☐G ☐D	…..min	……..ml
….h….	☐G ☐D	…..min	……..ml

Mon Sommeil

de ….h…. à ….h…. ....
de ….h…. à ….h…. ....
de ….h…. à ….h…. ....
de ….h…. à ….h…. ....
de ….h…. à ….h…. ....
de ….h…. à ….h…. ....
de ….h…. à ….h…. ....
de ….h…. à ….h…. ....

Mes Petites Notes

....
....
....
....
....
....
....
....
....

DATE :
… / … / ……

Humeur :

Activité / Moment de Bonheur:
....
....

Info importante du jour: ....

Mes Changes
Mouillé ☐☐☐☐☐☐☐
Selles ☐☐☐☐☐☐☐
(N: normal/ M:molle/D:Dure/ ....)

Mes Soins/ Traitements
Crème ☐☐☐☐☐☐☐
Nez ☐ Yeux ☐ Vitamine ☐ .... ☐
Bain ☐ Shampoing ☐ .... ☐

....
…h…: ....
…h…: ....
…h…: ....

Mon Allaitement
Heure	Seins G/D	Durée	Biberon
…h…	☐G ☐D	…min	……ml
…h…	☐G ☐D	…min	……ml
…h…	☐G ☐D	…min	……ml
…h…	☐G ☐D	…min	……ml
…h…	☐G ☐D	…min	……ml
…h…	☐G ☐D	…min	……ml
…h…	☐G ☐D	…min	……ml
…h…	☐G ☐D	…min	……ml
…h…	☐G ☐D	…min	……ml
…h…	☐G ☐D	…min	……ml
…h…	☐G ☐D	…min	……ml

Mon Sommeil
de …h… à …h… ....
de …h… à …h… ....
de …h… à …h… ....
de …h… à …h… ....
de …h… à …h… ....
de …h… à …h… ....
de …h… à …h… ....
de …h… à …h… ....

Mes Petites Notes
....
....
....
....
....
....
....
....

DATE :
.../ ... / ......

Humeur :

Activité / Moment de Bonheur:
....
....

Info importante du jour: ....

Mes Changes
Mouillé ☐☐☐☐☐☐☐
Selles ☐☐☐☐☐☐☐
(N: normal/ M:molle/D:Dure/ ....)

Mes Soins/ Traitements
Crème ☐☐☐☐☐☐☐
Nez ☐ Yeux ☐ Vitamine ☐ .... ☐
Bain ☐ Shampoing ☐ .... ☐

....h....: ....
....h....: ....
....h....: ....

Mon Allaitement
Heure	Seins G/D	Durée	Biberon
....h....	☐G ☐D	.....min	........ml
....h....	☐G ☐D	.....min	........ml
....h....	☐G ☐D	.....min	........ml
....h....	☐G ☐D	.....min	........ml
....h....	☐G ☐D	.....min	........ml
....h....	☐G ☐D	.....min	........ml
....h....	☐G ☐D	.....min	........ml
....h....	☐G ☐D	.....min	........ml
....h....	☐G ☐D	.....min	........ml
....h....	☐G ☐D	.....min	........ml

Mon Sommeil
de ....h.... à ....h.... ....
de ....h.... à ....h.... ....
de ....h.... à ....h.... ....
de ....h.... à ....h.... ....
de ....h.... à ....h.... ....
de ....h.... à ....h.... ....
de ....h.... à ....h.... ....
de ....h.... à ....h.... ....

Mes Petites Notes
....
....
....
....
....
....
....
....
....

DATE :
... / ... / ......

Humeur :
Activité / Moment de Bonheur:
....
....

Info importante du jour: ....

Mes Changes
Mouillé ☐☐☐☐☐☐☐
Selles ☐☐☐☐☐☐☐
(N: normal/ M:molle/D:Dure/ ....)

Mes Soins/ Traitements
Crème ☐☐☐☐☐☐☐
Nez ☐ Yeux ☐ Vitamine ☐ .... ☐
Bain ☐ Shampoing ☐ .... ☐

....h...: ....
....h...: ....
....h...: ....

Mon Allaitement
Heure	Seins G/D	Durée	Biberon
...h...	☐G ☐D	.....min	........ml
...h...	☐G ☐D	.....min	........ml
...h...	☐G ☐D	.....min	........ml
...h...	☐G ☐D	.....min	........ml
...h...	☐G ☐D	.....min	........ml
...h...	☐G ☐D	.....min	........ml
...h...	☐G ☐D	.....min	........ml
...h...	☐G ☐D	.....min	........ml
...h...	☐G ☐D	.....min	........ml
...h...	☐G ☐D	.....min	........ml

Mon Sommeil
de ...h... à ...h... ....
de ...h... à ...h... ....
de ...h... à ...h... ....
de ...h... à ...h... ....
de ...h... à ...h... ....
de ...h... à ...h... ....
de ...h... à ...h... ....
de ...h... à ...h... ....

Mes Petites Notes
....
....
....
....
....
....
....
....

DATE :
.... / .... / ......

Humeur :

Activité / Moment de Bonheur:
....
....

Info importante du jour: ....

Mes Changes
Mouillé ☐☐☐☐☐☐☐
Selles ☐☐☐☐☐☐☐
(N: normal/ M:molle/D:Dure/ ....)

Mes Soins/ Traitements
Crème ☐☐☐☐☐☐☐
Nez ☐ Yeux ☐ Vitamine ☐ ....☐
Bain ☐ Shampoing ☐ ....☐

....h....: ....
....h....: ....
....h....: ....

Mon Allaitement
Heure	Seins G/D	Durée	Biberon
....h....	☐G ☐D	....min	........ml
....h....	☐G ☐D	....min	........ml
....h....	☐G ☐D	....min	........ml
....h....	☐G ☐D	....min	........ml
....h....	☐G ☐D	....min	........ml
....h....	☐G ☐D	....min	........ml
....h....	☐G ☐D	....min	........ml
....h....	☐G ☐D	....min	........ml
....h....	☐G ☐D	....min	........ml
....h....	☐G ☐D	....min	........ml

Mon Sommeil
le ...h... à ...h... ....
le ...h... à ...h... ....
le ...h... à ...h... ....
le ...h... à ...h... ....
le ...h... à ...h... ....
le ...h... à ...h... ....
le ...h... à ...h... ....
le ...h... à ...h... ....

Mes Petites Notes
....
....
....
....
....
....
....
....
....

DATE :
… / … / ……

Humeur : ☀️ ☁️ ⛈️ 🌙

Activité / Moment de Bonheur:
....
....

Info importante du jour: ....

Mes Changes
Mouillé ☐☐☐☐☐☐☐
Selles ☐☐☐☐☐☐☐
(N: normal/ M:molle/D:Dure/ ....)

Mes Soins/ Traitements
Crème ☐☐☐☐☐☐☐
Nez ☐ Yeux ☐ Vitamine ☐ .... ☐
Bain ☐ Shampoing ☐ .... ☐

….h….: ....
….h….: ....
….h….: ....

Mon Allaitement
Heure	Seins G/D	Durée	Biberon
….h….	☐G ☐D	…..min	……..ml
….h….	☐G ☐D	…..min	……..ml
….h….	☐G ☐D	…..min	……..ml
….h….	☐G ☐D	…..min	……..ml
….h….	☐G ☐D	…..min	……..ml
….h….	☐G ☐D	…..min	……..ml
….h….	☐G ☐D	…..min	……..ml
….h….	☐G ☐D	…..min	……..ml
….h….	☐G ☐D	…..min	……..ml
….h….	☐G ☐D	…..min	……..ml
….h….	☐G ☐D	…..min	……..ml

Mon Sommeil
de ….h…. à ….h…. ....
de ….h…. à ….h…. ....
de ….h…. à ….h…. ....
de ….h…. à ….h…. ....
de ….h…. à ….h…. ....
de ….h…. à ….h…. ....
de ….h…. à ….h…. ....
de ….h…. à ….h…. ....

Mes Petites Notes
....
....
....
....
....
....
....
....
....

DATE :
... / ... / ......

Humeur :
Activité / Moment de Bonheur:
....
....

Info importante du jour: ....

Mes Changes
Mouillé ☐☐☐☐☐☐☐
Selles ☐☐☐☐☐☐☐
(N: normal/ M:molle/D:Dure/ ....)

Mes Soins/ Traitements
Crème ☐☐☐☐☐☐☐☐
Nez ☐ Yeux ☐ Vitamine ☐ .... ☐
Bain ☐ Shampoing ☐ .... ☐

....h....: ....
....h....: ....
....h....: ....

Mon Allaitement
Heure	Seins G/D	Durée	Biberon
....h....	☐G ☐D	.....min	........ml
....h....	☐G ☐D	.....min	........ml
....h....	☐G ☐D	.....min	........ml
....h....	☐G ☐D	.....min	........ml
....h....	☐G ☐D	.....min	........ml
....h....	☐G ☐D	.....min	........ml
....h....	☐G ☐D	.....min	........ml
....h....	☐G ☐D	.....min	........ml
....h....	☐G ☐D	.....min	........ml
....h....	☐G ☐D	.....min	........ml

Mon Sommeil
de ....h.... à ....h.... ....
de ....h.... à ....h.... ....
de ....h.... à ....h.... ....
de ....h.... à ....h.... ....
de ....h.... à ....h.... ....
de ....h.... à ....h.... ....
de ....h.... à ....h.... ....
de ....h.... à ....h.... ....

Mes Petites Notes
....
....
....
....
....
....
....
....

DATE :
... / ... / ......

Humeur :

Activité / Moment de Bonheur:
....
....

Info importante du jour: ....

Mes Changes
Mouillé ☐☐☐☐☐☐☐
Selles ☐☐☐☐☐☐☐
(N: normal/ M: molle/ D: Dure/ ....)

Mes Soins/ Traitements
Crème ☐☐☐☐☐☐☐
Nez ☐ Yeux ☐ Vitamine ☐ .... ☐
Bain ☐ Shampoing ☐ .... ☐

....h....: ....
....h....: ....
....h....: ....

Mon Allaitement
Heure	Seins G/D	Durée	Biberon
...h...	☐G ☐D	.....min	........ml
...h...	☐G ☐D	.....min	........ml
...h...	☐G ☐D	.....min	........ml
...h...	☐G ☐D	.....min	........ml
...h...	☐G ☐D	.....min	........ml
...h...	☐G ☐D	.....min	........ml
...h...	☐G ☐D	.....min	........ml
...h...	☐G ☐D	.....min	........ml
...h...	☐G ☐D	.....min	........ml
...h...	☐G ☐D	.....min	........ml

Mon Sommeil
de ....h.... à ....h.... ....
de ....h.... à ....h.... ....
de ....h.... à ....h.... ....
de ....h.... à ....h.... ....
de ....h.... à ....h.... ....
de ....h.... à ....h.... ....
de ....h.... à ....h.... ....
de ....h.... à ....h.... ....

Mes Petites Notes
....
....
....
....
....
....
....
....

DATE :
..... / ..... / ....

Humeur :

Activité / Moment de Bonheur:
....
....

Info importante du jour: ....

Mes Changes

Mouillé ☐☐☐☐☐☐☐☐
Selles ☐☐☐☐☐☐☐☐
(N: normal/ M:molle/D:Dure/ ....)

Mes Soins/ Traitements

Crème ☐☐☐☐☐☐☐☐
Nez ☐ Yeux ☐ Vitamine ☐ .... ☐
Bain ☐ Shampoing ☐ .... ☐

....h....: ....
....h....: ....
....h....: ....

Mon Allaitement

Heure	Seins G/D	Durée	Biberon
....h....	☐G ☐D	.....min	........ml
....h....	☐G ☐D	.....min	........ml
....h....	☐G ☐D	.....min	........ml
....h....	☐G ☐D	.....min	........ml
....h....	☐G ☐D	.....min	........ml
....h....	☐G ☐D	.....min	........ml
....h....	☐G ☐D	.....min	........ml
....h....	☐G ☐D	.....min	........ml
....h....	☐G ☐D	.....min	........ml
....h....	☐G ☐D	.....min	........ml

Mon Sommeil

de ...h... à ...h... ....
de ...h... à ...h... ....
de ...h... à ...h... ....
de ...h... à ...h... ....
de ...h... à ...h... ....
de ...h... à ...h... ....
de ...h... à ...h... ....
de ...h... à ...h... ....

Mes Petites Notes

....
....
....
....
....
....
....
....

DATE :
... / ... / ......

Humeur :

Activité / Moment de Bonheur:
....
....

Info importante du jour: ....

Mes Changes

Mouillé ☐☐☐☐☐☐☐
Selles ☐☐☐☐☐☐☐
(N: normal/ M:molle/D:Dure/ ....)

Mes Soins/ Traitements

Crème ☐☐☐☐☐☐☐
Nez ☐ Yeux ☐ Vitamine ☐ ....☐
Bain ☐ Shampoing ☐ ....☐

....
....h....: ....
....h....: ....
....h....: ....

Mon Allaitement

Heure	Seins G/D	Durée	Biberon
....h....	☐G ☐D	....min	......ml
....h....	☐G ☐D	....min	......ml
....h....	☐G ☐D	....min	......ml
....h....	☐G ☐D	....min	......ml
....h....	☐G ☐D	....min	......ml
....h....	☐G ☐D	....min	......ml
....h....	☐G ☐D	....min	......ml
....h....	☐G ☐D	....min	......ml
....h....	☐G ☐D	....min	......ml
....h....	☐G ☐D	....min	......ml
....h....	☐G ☐D	....min	......ml

Mon Sommeil

de ....h.... à ....h.... ....
de ....h.... à ....h.... ....
de ....h.... à ....h.... ....
de ....h.... à ....h.... ....
de ....h.... à ....h.... ....
de ....h.... à ....h.... ....
de ....h.... à ....h.... ....
de ....h.... à ....h.... ....

Mes Petites Notes

....
....
....
....
....
....
....
....

DATE :
… / … / ……

Humeur : ☀️ 🌧️ ⛈️ 🌙

Activité / Moment de Bonheur:
....
....

Info importante du jour: ....

Mes Changes

Mouillé ☐☐☐☐☐☐☐
Selles ☐☐☐☐☐☐☐
(N: normal/ M: molle/ D: Dure/ ....)

Mes Soins/ Traitements

Crème ☐☐☐☐☐☐☐
Nez ☐ Yeux ☐ Vitamine ☐ ....☐
Bain ☐ Shampoing ☐ ....☐

....
…h… : ....
…h… : ....
…h… : ....

Mon Allaitement

Heure	Seins G/D	Durée	Biberon
…h…	☐G ☐D	…..min	……..ml
…h…	☐G ☐D	…..min	……..ml
…h…	☐G ☐D	…..min	……..ml
…h…	☐G ☐D	…..min	……..ml
…h…	☐G ☐D	…..min	……..ml
…h…	☐G ☐D	…..min	……..ml
…h…	☐G ☐D	…..min	……..ml
…h…	☐G ☐D	…..min	……..ml
…h…	☐G ☐D	…..min	……..ml
…h…	☐G ☐D	…..min	……..ml

Mon Sommeil

de …h… à …h… ....
de …h… à …h… ....
de …h… à …h… ....
de …h… à …h… ....
de …h… à …h… ....
de …h… à …h… ....
de …h… à …h… ....
de …h… à …h… ....

Mes Petites Notes

....
....
....
....
....
....
....
....
....

DATE :
... / ... / ......

Humeur :

Activité / Moment de Bonheur:
....
....

Info importante du jour: ....

Mes Changes
Mouillé ☐☐☐☐☐☐☐
Selles ☐☐☐☐☐☐☐
(N: normal/ M: molle/ D: Dure/ ....)

Mes Soins/ Traitements
Crème ☐☐☐☐☐☐☐
Nez ☐ Yeux ☐ Vitamine ☐ .... ☐
Bain ☐ Shampoing ☐ .... ☐

....h....:
....h....:
....h....:

Mon Allaitement
Heure	Seins G/D	Durée	Biberon
....h....	☐G ☐D	.....min	........ml
....h....	☐G ☐D	.....min	........ml
....h....	☐G ☐D	.....min	........ml
....h....	☐G ☐D	.....min	........ml
....h....	☐G ☐D	.....min	........ml
....h....	☐G ☐D	.....min	........ml
....h....	☐G ☐D	.....min	........ml
....h....	☐G ☐D	.....min	........ml
....h....	☐G ☐D	.....min	........ml
....h....	☐G ☐D	.....min	........ml

Mon Sommeil
de ....h.... à ....h.... ....
de ....h.... à ....h.... ....
de ....h.... à ....h.... ....
de ....h.... à ....h.... ....
de ....h.... à ....h.... ....
de ....h.... à ....h.... ....
de ....h.... à ....h.... ....
de ....h.... à ....h.... ....

Mes Petites Notes
....
....
....
....
....
....
....
....

DATE :
.... / .... / ......

Humeur :
Activité / Moment de Bonheur:
....
....

Info importante du jour: ....

Mes Changes

Mouillé ☐ ☐ ☐ ☐ ☐ ☐
Selles ☐ ☐ ☐ ☐ ☐ ☐
(N: normal/ M:molle/D:Dure/ ....)

Mes Soins/ Traitements

Crème ☐ ☐ ☐ ☐ ☐ ☐ ☐
Nez ☐ Yeux ☐ Vitamine ☐ ....☐
Bain ☐ Shampoing ☐ ....☐

....h....: ....
....h....: ....
....h....: ....

Mon Allaitement

Heure	Seins G/D	Durée	Biberon
....h....	☐G ☐D	.....min	........ml
....h....	☐G ☐D	.....min	........ml
....h....	☐G ☐D	.....min	........ml
....h....	☐G ☐D	.....min	........ml
....h....	☐G ☐D	.....min	........ml
....h....	☐G ☐D	.....min	........ml
....h....	☐G ☐D	.....min	........ml
....h....	☐G ☐D	.....min	........ml
....h....	☐G ☐D	.....min	........ml
....h....	☐G ☐D	.....min	........ml

Mon Sommeil

le ....h.... à ....h.... ....
le ....h.... à ....h.... ....
le ....h.... à ....h.... ....
le ....h.... à ....h.... ....
le ....h.... à ....h.... ....
le ....h.... à ....h.... ....
le ....h.... à ....h.... ....
le ....h.... à ....h.... ....

Mes Petites Notes

....
....
....
....
....
....
....
....

DATE :
.... / .... / ....

Humeur :
Activité / Moment de Bonheur:
....
....

Info importante du jour: ....

Mes Changes

Mouillé ☐☐☐☐☐☐☐
Selles ☐☐☐☐☐☐☐
(N: normal/ M:molle/D:Dure/ ....)

Mes Soins/ Traitements

Crème ☐☐☐☐☐☐☐
Nez ☐ Yeux ☐ Vitamine ☐ ....☐
Bain ☐ Shampoing ☐ ....☐

....
....h....:
....h....:
....h....:

Mon Allaitement

Heure	Seins G/D	Durée	Biberon
....h....	☐G ☐D	.....min	........ml
....h....	☐G ☐D	.....min	........ml
....h....	☐G ☐D	.....min	........ml
....h....	☐G ☐D	.....min	........ml
....h....	☐G ☐D	.....min	........ml
....h....	☐G ☐D	.....min	........ml
....h....	☐G ☐D	.....min	........ml
....h....	☐G ☐D	.....min	........ml
....h....	☐G ☐D	.....min	........ml
....h....	☐G ☐D	.....min	........ml

Mon Sommeil

de ....h.... à ....h.... ....
de ....h.... à ....h.... ....
de ....h.... à ....h.... ....
de ....h.... à ....h.... ....
de ....h.... à ....h.... ....
de ....h.... à ....h.... ....
de ....h.... à ....h.... ....
de ....h.... à ....h.... ....

Mes Petites Notes

....
....
....
....
....
....
....
....
....

DATE :
... / ... / ......

Humeur :

Activité / Moment de Bonheur:
....
....

Info importante du jour: ....

Mes Changes

Mouillé ☐☐☐☐☐☐☐☐
Selles ☐☐☐☐☐☐☐☐
(N: normal/ M:molle/D:Dure/ ....)

Mes Soins/ Traitements

Crème ☐☐☐☐☐☐☐☐
Nez ☐ Yeux ☐ Vitamine ☐ .... ☐
Bain ☐ Shampoing ☐ .... ☐

....
....h....: ....
....h....: ....
....h....: ....

Mon Allaitement

Heure	Seins G/D	Durée	Biberon
....h....	☐G ☐D	.....min	........ml
....h....	☐G ☐D	.....min	........ml
....h....	☐G ☐D	.....min	........ml
....h....	☐G ☐D	.....min	........ml
....h....	☐G ☐D	.....min	........ml
....h....	☐G ☐D	.....min	........ml
....h....	☐G ☐D	.....min	........ml
....h....	☐G ☐D	.....min	........ml
....h....	☐G ☐D	.....min	........ml
....h....	☐G ☐D	.....min	........ml

Mon Sommeil

de ....h.... à ....h.... ....
de ....h.... à ....h.... ....
de ....h.... à ....h.... ....
de ....h.... à ....h.... ....
de ....h.... à ....h.... ....
de ....h.... à ....h.... ....
de ....h.... à ....h.... ....
de ....h.... à ....h.... ....

Mes Petites Notes

....
....
....
....
....
....
....
....
....

DATE :
... / ... / ......

Humeur :
Activité / Moment de Bonheur:
....
....

Info importante du jour: ....

Mes Changes
Mouillé ☐☐☐☐☐☐☐
Selles ☐☐☐☐☐☐☐
(N: normal/ M:molle/D:Dure/ ....)

Mes Soins/ Traitements
Crème ☐☐☐☐☐☐☐
Nez ☐ Yeux ☐ Vitamine ☐ .... ☐
Bain ☐ Shampoing ☐ .... ☐

....h....: ....
....h....: ....
....h....: ....

Mon Allaitement
Heure	Seins G/D	Durée	Biberon
...h...	☐G ☐D	.....min	........ml
...h...	☐G ☐D	.....min	........ml
...h...	☐G ☐D	.....min	........ml
...h...	☐G ☐D	.....min	........ml
...h...	☐G ☐D	.....min	........ml
...h...	☐G ☐D	.....min	........ml
...h...	☐G ☐D	.....min	........ml
...h...	☐G ☐D	.....min	........ml
...h...	☐G ☐D	.....min	........ml
...h...	☐G ☐D	.....min	........ml

Mon Sommeil
de ...h.... à ...h.... ....
de ...h.... à ...h.... ....
de ...h.... à ...h.... ....
de ...h.... à ...h.... ....
de ...h.... à ...h.... ....
de ...h.... à ...h.... ....
de ...h.... à ...h.... ....
de ...h.... à ...h.... ....

Mes Petites Notes
....
....
....
....
....
....
....
....
....

DATE :
.... / .... / ......

Humeur :

Activité / Moment de Bonheur:
....
....

Info importante du jour: ....

Mes Changes

Mouillé ☐☐☐☐☐☐☐
Selles ☐☐☐☐☐☐☐
(N: normal/ M:molle/D:Dure/ ....)

Mes Soins/ Traitements

Crème ☐☐☐☐☐☐☐
Nez ☐ Yeux ☐ Vitamine ☐ .... ☐
Bain ☐ Shampoing ☐ .... ☐

....h....: ....
....h....: ....
....h....: ....

Mon Allaitement

Heure	Seins G/D	Durée	Biberon
....h....	☐G ☐D	....min	........ml
....h....	☐G ☐D	....min	........ml
....h....	☐G ☐D	....min	........ml
....h....	☐G ☐D	....min	........ml
....h....	☐G ☐D	....min	........ml
....h....	☐G ☐D	....min	........ml
....h....	☐G ☐D	....min	........ml
....h....	☐G ☐D	....min	........ml
....h....	☐G ☐D	....min	........ml
....h....	☐G ☐D	....min	........ml

Mon Sommeil

le ....h.... à ....h.... ....
le ....h.... à ....h.... ....
le ....h.... à ....h.... ....
le ....h.... à ....h.... ....
le ....h.... à ....h.... ....
le ....h.... à ....h.... ....
le ....h.... à ....h.... ....
le ....h.... à ....h.... ....

Mes Petites Notes

....
....
....
....
....
....
....
....

DATE : ..../..../......

Humeur :

Activité / Moment de Bonheur:
....
....

Info importante du jour: ....

Mes Changes

Mouillé ☐☐☐☐☐☐☐☐
Selles ☐☐☐☐☐☐☐☐
(N: normal/ M:molle/D:Dure/ ....)

Mes Soins/ Traitements

Crème ☐☐☐☐☐☐☐☐
Nez ☐ Yeux ☐ Vitamine ☐ .... ☐
Bain ☐ Shampoing ☐ .... ☐

....
....h....: ....
....h....: ....
....h....: ....

Mon Allaitement

Heure	Seins G/D	Durée	Biberon
....h....	☐G ☐D	.....min	........ml
....h....	☐G ☐D	.....min	........ml
....h....	☐G ☐D	.....min	........ml
....h....	☐G ☐D	.....min	........ml
....h....	☐G ☐D	.....min	........ml
....h....	☐G ☐D	.....min	........ml
....h....	☐G ☐D	.....min	........ml
....h....	☐G ☐D	.....min	........ml
....h....	☐G ☐D	.....min	........ml
....h....	☐G ☐D	.....min	........ml

Mon Sommeil

de ....h.... à ....h.... ....
de ....h.... à ....h.... ....
de ....h.... à ....h.... ....
de ....h.... à ....h.... ....
de ....h.... à ....h.... ....
de ....h.... à ....h.... ....
de ....h.... à ....h.... ....
de ....h.... à ....h.... ....

Mes Petites Notes

....
....
....
....
....
....
....
....

DATE :
.../ ... / ......

Humeur :
Activité / Moment de Bonheur:
....
....

Info importante du jour: ....

Mes Changes

Mouillé ☐☐☐☐☐☐☐
Selles ☐☐☐☐☐☐☐
(N: normal/ M: molle/ D: Dure/ ....)

Mes Soins/ Traitements

Crème ☐☐☐☐☐☐☐☐
Nez ☐ Yeux ☐ Vitamine ☐ .... ☐
Bain ☐ Shampoing ☐ .... ☐

....
....h....:
....h....:
....h....:

Mon Allaitement

Heure	Seins G/D	Durée	Biberon
....h....	☐G ☐D	.....min	........ml
....h....	☐G ☐D	.....min	........ml
....h....	☐G ☐D	.....min	........ml
....h....	☐G ☐D	.....min	........ml
....h....	☐G ☐D	.....min	........ml
....h....	☐G ☐D	.....min	........ml
....h....	☐G ☐D	.....min	........ml
....h....	☐G ☐D	.....min	........ml
....h....	☐G ☐D	.....min	........ml
....h....	☐G ☐D	.....min	........ml

Mon Sommeil

de ....h.... à ....h.... ....
de ....h.... à ....h.... ....
de ....h.... à ....h.... ....
de ....h.... à ....h.... ....
de ....h.... à ....h.... ....
de ....h.... à ....h.... ....
de ....h.... à ....h.... ....
de ....h.... à ....h.... ....

Mes Petites Notes

....
....
....
....
....
....
....
....
....

DATE :
… / … / ……

Humeur :

Activité / Moment de Bonheur:
....
....

Info importante du jour: ....

Mes Changes
Mouillé ☐☐☐☐☐☐☐
Selles ☐☐☐☐☐☐☐
(N: normal/ M:molle/D:Dure/ ....)

Mes Soins/ Traitements
Crème ☐☐☐☐☐☐☐
Nez ☐ Yeux ☐ Vitamine ☐ .... ☐
Bain ☐ Shampoing ☐ .... ☐

…h…: ....
…h…: ....
…h…: ....

Mon Allaitement
Heure	Seins G/D	Durée	Biberon
…h…	☐G ☐D	…..min	……..ml
…h…	☐G ☐D	…..min	……..ml
…h…	☐G ☐D	…..min	……..ml
…h…	☐G ☐D	…..min	……..ml
…h…	☐G ☐D	…..min	……..ml
…h…	☐G ☐D	…..min	……..ml
…h…	☐G ☐D	…..min	……..ml
…h…	☐G ☐D	…..min	……..ml
…h…	☐G ☐D	…..min	……..ml
…h…	☐G ☐D	…..min	……..ml

Mon Sommeil
de …h… à …h… ....
de …h… à …h… ....
de …h… à …h… ....
de …h… à …h… ....
de …h… à …h… ....
de …h… à …h… ....
de …h… à …h… ....
de …h… à …h… ....

Mes Petites Notes
....
....
....
....
....
....
....
....

DATE :
… / … / ……

Humeur :
Activité / Moment de Bonheur:
....
....

Info importante du jour: ....

Mes Changes
Mouillé ☐☐☐☐☐☐☐
Selles ☐☐☐☐☐☐☐
(N: normal/ M: molle/ D: Dure/ ....)

Mes Soins/ Traitements
Crème ☐☐☐☐☐☐☐
Nez ☐ Yeux ☐ Vitamine ☐ .... ☐
Bain ☐ Shampoing ☐ .... ☐

…h… : ....
…h… : ....
…h… : ....

Mon Allaitement

Heure	Seins G/D	Durée	Biberon
…h…	☐G ☐D	…..min	……..ml
…h…	☐G ☐D	…..min	……..ml
…h…	☐G ☐D	…..min	……..ml
…h…	☐G ☐D	…..min	……..ml
…h…	☐G ☐D	…..min	……..ml
…h…	☐G ☐D	…..min	……..ml
…h…	☐G ☐D	…..min	……..ml
…h…	☐G ☐D	…..min	……..ml
…h…	☐G ☐D	…..min	……..ml
…h…	☐G ☐D	…..min	……..ml

Mon Sommeil
le …h… à …h… ....
le …h… à …h… ....
le …h… à …h… ....
le …h… à …h… ....
le …h… à …h… ....
le …h… à …h… ....
le …h… à …h… ....
le …h… à …h… ....

Mes Petites Notes
....
....
....
....
....
....
....
....

DATE : ..../ ..../ ......

Humeur :
Activité / Moment de Bonheur:
....
....

Info importante du jour: ....

Mes Changes
Mouillé ☐☐☐☐☐☐☐
Selles ☐☐☐☐☐☐☐
(N: normal/ M: molle/ D: Dure/ ....)

Mes Soins/ Traitements
Crème ☐☐☐☐☐☐☐
Nez ☐ Yeux ☐ Vitamine ☐ .... ☐
Bain ☐ Shampoing ☐ .... ☐
....
....h....:
....h....:
....h....:

Mon Allaitement
Heure Seins G/D Durée Biberon
....h.... ☐G ☐D .....min ....ml
....h.... ☐G ☐D .....min ....ml
....h.... ☐G ☐D .....min ....ml
....h.... ☐G ☐D .....min ....ml
....h.... ☐G ☐D .....min ....ml
....h.... ☐G ☐D .....min ....ml
....h.... ☐G ☐D .....min ....ml
....h.... ☐G ☐D .....min ....ml
....h.... ☐G ☐D .....min ....ml
....h.... ☐G ☐D .....min ....ml

Mon Sommeil
de ....h.... à ....h.... ....
de ....h.... à ....h.... ....
de ....h.... à ....h.... ....
de ....h.... à ....h.... ....
de ....h.... à ....h.... ....
de ....h.... à ....h.... ....
de ....h.... à ....h.... ....
de ....h.... à ....h.... ....

Mes Petites Notes
....
....
....
....
....
....
....
....

DATE :
… / … / ……

Humeur :
Activité / Moment de Bonheur:
....
....

Info importante du jour: ....

Mes Changes

Mouillé ☐☐☐☐☐☐☐
Selles ☐☐☐☐☐☐☐
(N: normal/ M:molle/D:Dure/ ....)

Mes Soins/ Traitements

Crème ☐☐☐☐☐☐☐
Nez ☐ Yeux ☐ Vitamine ☐ .... ☐
Bain ☐ Shampoing ☐ .... ☐

….h….: ....
….h….: ....
….h….: ....

Mon Allaitement

Heure	Seins G/D	Durée	Biberon
….h….	☐G ☐D	…..min	……..ml
….h….	☐G ☐D	…..min	……..ml
….h….	☐G ☐D	…..min	……..ml
….h….	☐G ☐D	…..min	……..ml
….h….	☐G ☐D	…..min	……..ml
….h….	☐G ☐D	…..min	……..ml
….h….	☐G ☐D	…..min	……..ml
….h….	☐G ☐D	…..min	……..ml
….h….	☐G ☐D	…..min	……..ml
….h….	☐G ☐D	…..min	……..ml

Mon Sommeil

de ….h…. à ….h…. ....
de ….h…. à ….h…. ....
de ….h…. à ….h…. ....
de ….h…. à ….h…. ....
de ….h…. à ….h…. ....
de ….h…. à ….h…. ....
de ….h…. à ….h…. ....
de ….h…. à ….h…. ....

Mes Petites Notes

....
....
....
....
....
....
....
....

DATE :
… / … / ……

Humeur :
Activité / Moment de Bonheur:
....
....

Info importante du jour: ....

Mes Changes
Mouillé ☐☐☐☐☐☐☐
Selles ☐☐☐☐☐☐☐
(N: normal/ M:molle/D:Dure/ ....)

Mes Soins/ Traitements
Crème ☐☐☐☐☐☐☐
Nez ☐ Yeux ☐ Vitamine ☐ ....☐
Bain ☐ Shampoing ☐ ....☐

....
…h….:
…h….:
…h….:

Mon Allaitement
Heure   Seins G/D   Durée   Biberon
…h…   ☐G ☐D   …..min   ……..ml
…h…   ☐G ☐D   …..min   ……..ml
…h…   ☐G ☐D   …..min   ……..ml
…h…   ☐G ☐D   …..min   ……..ml
…h…   ☐G ☐D   …..min   ……..ml
…h…   ☐G ☐D   …..min   ……..ml
…h…   ☐G ☐D   …..min   ……..ml
…h…   ☐G ☐D   …..min   ……..ml
…h…   ☐G ☐D   …..min   ……..ml
…h…   ☐G ☐D   …..min   ……..ml

Mon Sommeil
de …h… à …h… ....
de …h… à …h… ....
de …h… à …h… ....
de …h… à …h… ....
de …h… à …h… ....
de …h… à …h… ....
de …h… à …h… ....
de …h… à …h… ....

Mes Petites Notes
....
....
....
....
....
....
....
....

DATE :
… / … / ……

Humeur :

Activité / Moment de Bonheur:
....
....

Info importante du jour: ....

Mes Changes

Mouillé ☐☐☐☐☐☐☐
Selles ☐☐☐☐☐☐☐
(N: normal/ M: molle/ D: Dure/ ....)

Mes Soins/ Traitements

Crème ☐☐☐☐☐☐☐
Nez ☐ Yeux ☐ Vitamine ☐ .... ☐
Bain ☐ Shampoing ☐ .... ☐

…h…. : ....
…h…. : ....
…h…. : ....

Mon Allaitement

Heure	Seins G/D	Durée	Biberon
…h…	☐G ☐D	…..min	……..ml
…h…	☐G ☐D	…..min	……..ml
…h…	☐G ☐D	…..min	……..ml
…h…	☐G ☐D	…..min	……..ml
…h…	☐G ☐D	…..min	……..ml
…h…	☐G ☐D	…..min	……..ml
…h…	☐G ☐D	…..min	……..ml
…h…	☐G ☐D	…..min	……..ml
…h…	☐G ☐D	…..min	……..ml
…h…	☐G ☐D	…..min	……..ml

Mon Sommeil

le …h…. à …h…. ....
le …h…. à …h…. ....
le …h…. à …h…. ....
le …h…. à …h…. ....
le …h…. à …h…. ....
le …h…. à …h…. ....
le …h…. à …h…. ....
le …h…. à …h…. ....

Mes Petites Notes

....
....
....
....
....
....
....
....
....

DATE :
… / … / ……

Humeur :
Activité / Moment de Bonheur:
....
....

Info importante du jour: ....

Mes Changes
Mouillé ☐☐☐☐☐☐☐
Selles ☐☐☐☐☐☐☐
(N: normal/ M: molle/ D: Dure/ ....)

Mes Soins/ Traitements
Crème ☐☐☐☐☐☐☐
Nez ☐ Yeux ☐ Vitamine ☐ ....☐
Bain ☐ Shampoing ☐ ....☐

....
….h….:
….h….:
….h….:

Mon Allaitement
Heure	Seins G/D	Durée	Biberon
….h….	☐G ☐D	…..min	……..ml
….h….	☐G ☐D	…..min	……..ml
….h….	☐G ☐D	…..min	……..ml
….h….	☐G ☐D	…..min	……..ml
….h….	☐G ☐D	…..min	……..ml
….h….	☐G ☐D	…..min	……..ml
….h….	☐G ☐D	…..min	……..ml
….h….	☐G ☐D	…..min	……..ml
….h….	☐G ☐D	…..min	……..ml
….h….	☐G ☐D	…..min	……..ml

Mon Sommeil
de ….h…. à ….h…. ....
de ….h…. à ….h…. ....
de ….h…. à ….h…. ....
de ….h…. à ….h…. ....
de ….h…. à ….h…. ....
de ….h…. à ….h…. ....
de ….h…. à ….h…. ....
de ….h…. à ….h…. ....

Mes Petites Notes
....
....
....
....
....
....
....
....

DATE :
.... / .... / ......

Humeur : ☀ ☁ ⛈ 🌙

Activité / Moment de Bonheur:
....
....

Info importante du jour: ....

Mes Changes
Mouillé ☐☐☐☐☐☐☐
Selles ☐☐☐☐☐☐☐
(N: normal/ M: molle/ D: Dure/ ....)

Mes Soins/ Traitements
Crème ☐☐☐☐☐☐☐
Nez ☐ Yeux ☐ Vitamine ☐ .... ☐
Bain ☐ Shampoing ☐ .... ☐
....
....h....:
....h....:
....h....:

Mon Allaitement
Heure	Seins G/D	Durée	Biberon
....h....	☐G ☐D	.....min	........ml
....h....	☐G ☐D	.....min	........ml
....h....	☐G ☐D	.....min	........ml
....h....	☐G ☐D	.....min	........ml
....h....	☐G ☐D	.....min	........ml
....h....	☐G ☐D	.....min	........ml
....h....	☐G ☐D	.....min	........ml
....h....	☐G ☐D	.....min	........ml
....h....	☐G ☐D	.....min	........ml
....h....	☐G ☐D	.....min	........ml

Mon Sommeil
de ....h.... à ....h.... ....
de ....h.... à ....h.... ....
de ....h.... à ....h.... ....
de ....h.... à ....h.... ....
de ....h.... à ....h.... ....
de ....h.... à ....h.... ....
de ....h.... à ....h.... ....
de ....h.... à ....h.... ....

Mes Petites Notes
....
....
....
....
....
....
....
....

DATE :
..... / ..... / ....

Humeur : ☀️ 🌧️ ⛈️ 🌙

Activité / Moment de Bonheur:
....
....

~ Info importante du jour: ....

Mes Changes

Mouillé ☐☐☐☐☐☐☐
Selles ☐☐☐☐☐☐☐
(N: normal/ M: molle/ D: Dure/ ....)

Mes Soins/ Traitements

Crème ☐☐☐☐☐☐☐
Nez ☐ Yeux ☐ Vitamine ☐ .... ☐
Bain ☐ Shampoing ☐ .... ☐

....h....: ....
....h....: ....
....h....: ....

Mon Allaitement

Heure	Seins G/D	Durée	Biberon
....h....	☐G ☐D	....min	........ml
....h....	☐G ☐D	....min	........ml
....h....	☐G ☐D	....min	........ml
....h....	☐G ☐D	....min	........ml
....h....	☐G ☐D	....min	........ml
....h....	☐G ☐D	....min	........ml
....h....	☐G ☐D	....min	........ml
....h....	☐G ☐D	....min	........ml
....h....	☐G ☐D	....min	........ml
....h....	☐G ☐D	....min	........ml

Mon Sommeil

de ....h.... à ....h.... ....
de ....h.... à ....h.... ....
de ....h.... à ....h.... ....
de ....h.... à ....h.... ....
de ....h.... à ....h.... ....
de ....h.... à ....h.... ....
de ....h.... à ....h.... ....
de ....h.... à ....h.... ....

Mes Petites Notes

....
....
....
....
....
....
....
....

DATE :
..... / ..... / ....

Humeur : ☀️ ☁️ ⛈️ 🌙

Activité / Moment de Bonheur:
....
....

Info importante du jour: ....

Mes Changes

Mouillé ☐☐☐☐☐☐☐☐
Selles ☐☐☐☐☐☐☐☐
(N: normal/ M:molle/D:Dure/ ....)

Mes Soins/ Traitements

Crème ☐☐☐☐☐☐☐☐
Nez ☐ Yeux ☐ Vitamine ☐ .... ☐
Bain ☐ Shampoing ☐ .... ☐

....h....: ....
....h....: ....
....h....: ....

Mon Allaitement

Heure	Seins G/D	Durée	Biberon
....h....	☐G ☐D	.....min	........ml
....h....	☐G ☐D	.....min	........ml
....h....	☐G ☐D	.....min	........ml
....h....	☐G ☐D	.....min	........ml
....h....	☐G ☐D	.....min	........ml
....h....	☐G ☐D	.....min	........ml
....h....	☐G ☐D	.....min	........ml
....h....	☐G ☐D	.....min	........ml
....h....	☐G ☐D	.....min	........ml
....h....	☐G ☐D	.....min	........ml

Mon Sommeil

de ....h.... à ....h.... ....
de ....h.... à ....h.... ....
de ....h.... à ....h.... ....
de ....h.... à ....h.... ....
de ....h.... à ....h.... ....
de ....h.... à ....h.... ....
de ....h.... à ....h.... ....
de ....h.... à ....h.... ....

Mes Petites Notes

....
....
....
....
....
....
....
....
....

DATE :
…/…/……

Humeur :
Activité / Moment de Bonheur:
....
....

Info importante du jour: ....

Mes Changes

Mouillé ☐☐☐☐☐☐☐
Selles ☐☐☐☐☐☐☐
(N: normal/ M:molle/D:Dure/ ....)

Mes Soins/ Traitements

Crème ☐☐☐☐☐☐☐
Nez ☐ Yeux ☐ Vitamine ☐ ....☐
Bain ☐ Shampoing ☐ ....☐

....
….h….:
….h….:
….h….:

Mon Allaitement

Heure	Seins G/D	Durée	Biberon
….h….	☐G ☐D	….min	……..ml
….h….	☐G ☐D	….min	……..ml
….h….	☐G ☐D	….min	……..ml
….h….	☐G ☐D	….min	……..ml
….h….	☐G ☐D	….min	……..ml
….h….	☐G ☐D	….min	……..ml
….h….	☐G ☐D	….min	……..ml
….h….	☐G ☐D	….min	……..ml
….h….	☐G ☐D	….min	……..ml
….h….	☐G ☐D	….min	……..ml
….h….	☐G ☐D	….min	……..ml

Mon Sommeil

de ….h…. à ….h…. ....
de ….h…. à ….h…. ....
de ….h…. à ….h…. ....
de ….h…. à ….h…. ....
de ….h…. à ….h…. ....
de ….h…. à ….h…. ....
de ….h…. à ….h…. ....
de ….h…. à ….h…. ....

Mes Petites Notes

....
....
....
....
....
....
....
....

DATE :
…/ … / ……

Humeur :

Activité / Moment de Bonheur:
....
....

Info importante du jour: ....

Mes Changes
Mouillé ☐☐☐☐☐☐☐☐
Selles ☐☐☐☐☐☐☐☐
(N: normal/ M:molle/D:Dure/ ....)

Mes Soins/ Traitements
Crème ☐☐☐☐☐☐☐☐
Nez ☐ Yeux ☐ Vitamine ☐ ………☐
Bain ☐ Shampoing ☐ ……………☐

....
….h….:
….h….:
….h….:

Mon Allaitement
Heure	Seins G/D	Durée	Biberon
….h….	☐G ☐D	…..min	……..ml
….h….	☐G ☐D	…..min	……..ml
….h….	☐G ☐D	…..min	……..ml
….h….	☐G ☐D	…..min	……..ml
….h….	☐G ☐D	…..min	……..ml
….h….	☐G ☐D	…..min	……..ml
….h….	☐G ☐D	…..min	……..ml
….h….	☐G ☐D	…..min	……..ml
….h….	☐G ☐D	…..min	……..ml
….h….	☐G ☐D	…..min	……..ml

Mon Sommeil
de ….h…. à ….h…. ……………
de ….h…. à ….h…. ……………
de ….h…. à ….h…. ……………
de ….h…. à ….h…. ……………
de ….h…. à ….h…. ……………
de ….h…. à ….h…. ……………
de ….h…. à ….h…. ……………
de ….h…. à ….h…. ……………

Mes Petites Notes
....
....
....
....
....
....
....
....

DATE :
… / … / ……

Humeur :
Activité / Moment de Bonheur:
....
....

Info importante du jour: ....

Mes Changes

Mouillé ☐☐☐☐☐☐☐
Selles ☐☐☐☐☐☐☐
(N: normal/ M: molle/ D: Dure/ ....)

Mes Soins/ Traitements

Crème ☐☐☐☐☐☐☐
Nez ☐ Yeux ☐ Vitamine ☐ .... ☐
Bain ☐ Shampoing ☐ .... ☐

….h….: ....
….h….: ....
….h….: ....

Mon Allaitement

Heure	Seins G/D	Durée	Biberon
…h…	☐G ☐D	…..min	……..ml
…h…	☐G ☐D	…..min	……..ml
…h…	☐G ☐D	…..min	……..ml
…h…	☐G ☐D	…..min	……..ml
…h…	☐G ☐D	…..min	……..ml
…h…	☐G ☐D	…..min	……..ml
…h…	☐G ☐D	…..min	……..ml
…h…	☐G ☐D	…..min	……..ml
…h…	☐G ☐D	…..min	……..ml
…h…	☐G ☐D	…..min	……..ml

Mon Sommeil

de ….h…. à ….h…. ....
de ….h…. à ….h…. ....
de ….h…. à ….h…. ....
de ….h…. à ….h…. ....
de ….h…. à ….h…. ....
de ….h…. à ….h…. ....
de ….h…. à ….h…. ....
de ….h…. à ….h…. ....

Mes Petites Notes

....
....
....
....
....
....
....
....

DATE :
.../ ... / ......

Humeur :
Activité / Moment de Bonheur:
....
....

Info importante du jour: ....

Mes Changes

Mouillé ☐☐☐☐☐☐
Selles ☐☐☐☐☐☐
(N: normal/ M:molle/D:Dure/ ....)

Mes Soins/ Traitements

Crème ☐☐☐☐☐☐
Nez ☐ Yeux ☐ Vitamine ☐ .... ☐
Bain ☐ Shampoing ☐ .... ☐

....h....: ....
....h....: ....
....h....: ....

Mon Allaitement

Heure	Seins G/D	Durée	Biberon
....h....	☐G ☐D	.....min	........ml
....h....	☐G ☐D	.....min	........ml
....h....	☐G ☐D	.....min	........ml
....h....	☐G ☐D	.....min	........ml
....h....	☐G ☐D	.....min	........ml
....h....	☐G ☐D	.....min	........ml
....h....	☐G ☐D	.....min	........ml
....h....	☐G ☐D	.....min	........ml
....h....	☐G ☐D	.....min	........ml
....h....	☐G ☐D	.....min	........ml

Mon Sommeil

le ....h.... à ....h.... ....
le ....h.... à ....h.... ....
le ....h.... à ....h.... ....
le ....h.... à ....h.... ....
le ....h.... à ....h.... ....
le ....h.... à ....h.... ....
le ....h.... à ....h.... ....
le ....h.... à ....h.... ....

Mes Petites Notes

....
....
....
....
....
....
....
....

DATE :
..... / ..... / ....

Humeur :
Activité / Moment de Bonheur:
....
....

Info importante du jour: ....

Mes Changes

Mouillé ☐☐☐☐☐☐☐
Selles ☐☐☐☐☐☐☐
(N: normal/ M: molle/ D: Dure/ ....)

Mes Soins/ Traitements

Crème ☐☐☐☐☐☐☐
Nez ☐ Yeux ☐ Vitamine ☐ .... ☐
Bain ☐ Shampoing ☐ .... ☐

....
....h....:
....h....:
....h....:

Mon Allaitement

Heure	Seins G/D	Durée	Biberon
....h....	☐G ☐D	....min	........ml
....h....	☐G ☐D	....min	........ml
....h....	☐G ☐D	....min	........ml
....h....	☐G ☐D	....min	........ml
....h....	☐G ☐D	....min	........ml
....h....	☐G ☐D	....min	........ml
....h....	☐G ☐D	....min	........ml
....h....	☐G ☐D	....min	........ml
....h....	☐G ☐D	....min	........ml
....h....	☐G ☐D	....min	........ml

Mon Sommeil

de ....h.... à ....h.... ....
de ....h.... à ....h.... ....
de ....h.... à ....h.... ....
de ....h.... à ....h.... ....
de ....h.... à ....h.... ....
de ....h.... à ....h.... ....
de ....h.... à ....h.... ....
de ....h.... à ....h.... ....

Mes Petites Notes

....
....
....
....
....
....
....
....

DATE :
..… / ..… / ..……

Humeur :

Activité / Moment de Bonheur:
....
....

Info importante du jour: ....

Mes Changes
Mouillé ☐☐☐☐☐☐☐
Selles ☐☐☐☐☐☐☐
(N: normal/ M:molle/D:Dure/ ....)

Mes Soins/ Traitements
Crème ☐☐☐☐☐☐☐☐
Nez ☐ Yeux ☐ Vitamine ☐ .... ☐
Bain ☐ Shampoing ☐ .... ☐

....
....h....:
....h....:
....h....:

Mon Allaitement

Heure	Seins G/D	Durée	Biberon
....h....	☐G ☐D	.....min	........ml
....h....	☐G ☐D	.....min	........ml
....h....	☐G ☐D	.....min	........ml
....h....	☐G ☐D	.....min	........ml
....h....	☐G ☐D	.....min	........ml
....h....	☐G ☐D	.....min	........ml
....h....	☐G ☐D	.....min	........ml
....h....	☐G ☐D	.....min	........ml
....h....	☐G ☐D	.....min	........ml
....h....	☐G ☐D	.....min	........ml

Mon Sommeil
de ....h.... à ....h.... ....
de ....h.... à ....h.... ....
de ....h.... à ....h.... ....
de ....h.... à ....h.... ....
de ....h.... à ....h.... ....
de ....h.... à ....h.... ....
de ....h.... à ....h.... ....
de ....h.... à ....h.... ....

Mes Petites Notes
....
....
....
....
....
....
....
....

DATE :
… / … / ……

Humeur :
Activité / Moment de Bonheur:
....
....

Info importante du jour: ....

Mes Changes
Mouillé ☐☐☐☐☐☐☐
Selles ☐☐☐☐☐☐☐
(N: normal/ M: molle/ D: Dure/ ....)

Mes Soins/ Traitements
Crème ☐☐☐☐☐☐☐
Nez ☐ Yeux ☐ Vitamine ☐ ....☐
Bain ☐ Shampoing ☐ ....☐

....
…h…:
…h…:
…h…:

Mon Allaitement
Heure   Seins G/D   Durée   Biberon
…h…   ☐G ☐D   …min   ……ml
…h…   ☐G ☐D   …min   ……ml
…h…   ☐G ☐D   …min   ……ml
…h…   ☐G ☐D   …min   ……ml
…h…   ☐G ☐D   …min   ……ml
…h…   ☐G ☐D   …min   ……ml
…h…   ☐G ☐D   …min   ……ml
…h…   ☐G ☐D   …min   ……ml
…h…   ☐G ☐D   …min   ……ml
…h…   ☐G ☐D   …min   ……ml

Mon Sommeil
de …h… à …h… ....
de …h… à …h… ....
de …h… à …h… ....
de …h… à …h… ....
de …h… à …h… ....
de …h… à …h… ....
de …h… à …h… ....
de …h… à …h… ....

Mes Petites Notes
....
....
....
....
....
....
....
....

DATE :
..... / ..... / ....

Humeur : ☀️ 🌧️ ⛈️ 🌙

Activité / Moment de Bonheur:
....
....

Info importante du jour: ....

Mes Changes
Mouillé ☐☐☐☐☐☐☐
Selles ☐☐☐☐☐☐☐
(N: normal/ M: molle/ D: Dure/ ....)

Mes Soins/ Traitements
Crème ☐☐☐☐☐☐☐
Nez ☐ Yeux ☐ Vitamine ☐ .... ☐
Bain ☐ Shampoing ☐ .... ☐

....h....:
....h....:
....h....:

Mon Allaitement
Heure　Seins G/D　Durée　Biberon
....h....　☐G ☐D　.....min　........ml
....h....　☐G ☐D　.....min　........ml
....h....　☐G ☐D　.....min　........ml
....h....　☐G ☐D　.....min　........ml
....h....　☐G ☐D　.....min　........ml
....h....　☐G ☐D　.....min　........ml
....h....　☐G ☐D　.....min　........ml
....h....　☐G ☐D　.....min　........ml
....h....　☐G ☐D　.....min　........ml
....h....　☐G ☐D　.....min　........ml

Mon Sommeil
le ....h....　à ....h....　..................
le ....h....　à ....h....　..................
le ....h....　à ....h....　..................
le ....h....　à ....h....　..................
le ....h....　à ....h....　..................
le ....h....　à ....h....　..................
le ....h....　à ....h....　..................
le ....h....　à ....h....　..................

Mes Petites Notes
....
....
....
....
....
....
....
....

DATE : ... / ... / ......

Humeur : ☀ ☁ ⛈ 🌙

Activité / Moment de Bonheur:
....
....

Info importante du jour: ....

Mes Changes

Mouillé ☐☐☐☐☐☐☐
Selles ☐☐☐☐☐☐☐
(N: normal/ M:molle/D:Dure/ ....)

Mes Soins/ Traitements

Crème ☐☐☐☐☐☐☐
Nez ☐ Yeux ☐ Vitamine ☐ ☐
Bain ☐ Shampoing ☐ .... ☐

....
....h....: ....
....h....: ....
....h....: ....

Mon Allaitement

Heure	Seins G/D	Durée	Biberon
....h....	☐G ☐D	.....min	........ml
....h....	☐G ☐D	.....min	........ml
....h....	☐G ☐D	.....min	........ml
....h....	☐G ☐D	.....min	........ml
....h....	☐G ☐D	.....min	........ml
....h....	☐G ☐D	.....min	........ml
....h....	☐G ☐D	.....min	........ml
....h....	☐G ☐D	.....min	........ml
....h....	☐G ☐D	.....min	........ml
....h....	☐G ☐D	.....min	........ml

Mon Sommeil

de ...h... à ...h... ....
de ...h... à ...h... ....
de ...h... à ...h... ....
de ...h... à ...h... ....
de ...h... à ...h... ....
de ...h... à ...h... ....
de ...h... à ...h... ....
de ...h... à ...h... ....

Mes Petites Notes

....
....
....
....
....
....
....
....
....

DATE :
… / … / ……

Humeur :
Activité / Moment de Bonheur:
....
....

Info importante du jour: ....

Mes Changes

Mouillé ☐☐☐☐☐☐☐
Selles ☐☐☐☐☐☐☐
(N: normal/ M:molle/D:Dure/ ....)

Mes Soins/ Traitements

Crème ☐☐☐☐☐☐☐
Nez ☐ Yeux ☐ Vitamine ☐ .... ☐
Bain ☐ Shampoing ☐ .... ☐

....
…h…. :
…h…. :
…h…. :

Mon Allaitement

Heure	Seins G/D	Durée	Biberon
…h…	☐G ☐D	…..min	……..ml
…h…	☐G ☐D	…..min	……..ml
…h…	☐G ☐D	…..min	……..ml
…h…	☐G ☐D	…..min	……..ml
…h…	☐G ☐D	…..min	……..ml
…h…	☐G ☐D	…..min	……..ml
…h…	☐G ☐D	…..min	……..ml
…h…	☐G ☐D	…..min	……..ml
…h…	☐G ☐D	…..min	……..ml
…h…	☐G ☐D	…..min	……..ml

Mon Sommeil

de ….h…. à ….h…. ....
de ….h…. à ….h…. ....
de ….h…. à ….h…. ....
de ….h…. à ….h…. ....
de ….h…. à ….h…. ....
de ….h…. à ….h…. ....
de ….h…. à ….h…. ....
de ….h…. à ….h…. ....

Mes Petites Notes

....
....
....
....
....
....
....
....

DATE :
.../.../......

Humeur :

Activité / Moment de Bonheur:
....
....

Info importante du jour: ....

Mes Changes
Mouillé ☐☐☐☐☐☐☐
Selles ☐☐☐☐☐☐☐
(N: normal/ M: molle/ D: Dure/ ....)

Mes Soins/ Traitements
Crème ☐☐☐☐☐☐☐
Nez ☐ Yeux ☐ Vitamine ☐ ....☐
Bain ☐ Shampoing ☐ ....☐

....
...h...:
...h...:
...h...:

Mon Allaitement
Heure   Seins G/D   Durée   Biberon
...h....   ☐G ☐D   .....min   ....ml
...h....   ☐G ☐D   .....min   ....ml
...h....   ☐G ☐D   .....min   ....ml
...h....   ☐G ☐D   .....min   ....ml
...h....   ☐G ☐D   .....min   ....ml
...h....   ☐G ☐D   .....min   ....ml
...h....   ☐G ☐D   .....min   ....ml
...h....   ☐G ☐D   .....min   ....ml
...h....   ☐G ☐D   .....min   ....ml
...h....   ☐G ☐D   .....min   ....ml

Mon Sommeil
de ...h... à ...h... ....
de ...h... à ...h... ....
de ...h... à ...h... ....
de ...h... à ...h... ....
de ...h... à ...h... ....
de ...h... à ...h... ....
de ...h... à ...h... ....
de ...h... à ...h... ....

Mes Petites Notes
....
....
....
....
....
....
....
....

DATE : ... / ... / ......

Humeur :

Activité / Moment de Bonheur:
....
....

Info importante du jour: ....

Mes Changes
Mouillé ☐☐☐☐☐☐☐
Selles ☐☐☐☐☐☐☐
(N: normal/ M:molle/D:Dure/ ....)

Mes Soins/ Traitements
Crème ☐☐☐☐☐☐
Nez ☐ Yeux ☐ Vitamine ☐ .... ☐
Bain ☐ Shampoing ☐ .... ☐

....h....: ....
....h....: ....
....h....: ....

Mon Allaitement
Heure Seins G/D Durée Biberon
....h.... ☐G ☐D .....min ....ml
....h.... ☐G ☐D .....min ....ml
....h.... ☐G ☐D .....min ....ml
....h.... ☐G ☐D .....min ....ml
....h.... ☐G ☐D .....min ....ml
....h.... ☐G ☐D .....min ....ml
....h.... ☐G ☐D .....min ....ml
....h.... ☐G ☐D .....min ....ml
....h.... ☐G ☐D .....min ....ml
....h.... ☐G ☐D .....min ....ml

Mon Sommeil
de ...h... à ...h... ....
de ...h... à ...h... ....
de ...h... à ...h... ....
de ...h... à ...h... ....
de ...h... à ...h... ....
de ...h... à ...h... ....
de ...h... à ...h... ....
de ...h... à ...h... ....

Mes Petites Notes
....
....
....
....
....
....
....
....
....

DATE : ..... / ..... / ....

Humeur :

Activité / Moment de Bonheur :
....
....

Info importante du jour : ....

Mes Changes

Mouillé ☐☐☐☐☐☐☐
Selles ☐☐☐☐☐☐☐
(N: normal/ M: molle/ D: Dure/ ....)

Mes Soins / Traitements

Crème ☐☐☐☐☐☐☐
Nez ☐ Yeux ☐ Vitamine ☐ .... ☐
Bain ☐ Shampoing ☐ .... ☐

....h.... : ....
....h.... : ....
....h.... : ....

Mon Allaitement

Heure	Seins G/D	Durée	Biberon
....h....	☐G ☐D	....min	........ml
....h....	☐G ☐D	....min	........ml
....h....	☐G ☐D	....min	........ml
....h....	☐G ☐D	....min	........ml
....h....	☐G ☐D	....min	........ml
....h....	☐G ☐D	....min	........ml
....h....	☐G ☐D	....min	........ml
....h....	☐G ☐D	....min	........ml
....h....	☐G ☐D	....min	........ml
....h....	☐G ☐D	....min	........ml
....h....	☐G ☐D	....min	........ml

Mon Sommeil

de ....h.... à ....h.... ....
de ....h.... à ....h.... ....
de ....h.... à ....h.... ....
de ....h.... à ....h.... ....
de ....h.... à ....h.... ....
de ....h.... à ....h.... ....
de ....h.... à ....h.... ....
de ....h.... à ....h.... ....

Mes Petites Notes

....
....
....
....
....
....
....
....
....

DATE :
... / ... / ......

Humeur :
Activité / Moment de Bonheur:
....
....

Info importante du jour: ....

Mes Changes

Mouillé ☐☐☐☐☐☐☐
Selles ☐☐☐☐☐☐☐
(N: normal/ M:molle/D:Dure/ ....)

Mes Soins/ Traitements

Crème ☐☐☐☐☐☐☐
Nez ☐ Yeux ☐ Vitamine ☐ .... ☐
Bain ☐ Shampoing ☐ .... ☐

....
....h....:
....h....:
....h....:

Mon Allaitement

Heure	Seins G/D	Durée	Biberon
....h....	☐G ☐D	.....min	........ml
....h....	☐G ☐D	.....min	........ml
....h....	☐G ☐D	.....min	........ml
....h....	☐G ☐D	.....min	........ml
....h....	☐G ☐D	.....min	........ml
....h....	☐G ☐D	.....min	........ml
....h....	☐G ☐D	.....min	........ml
....h....	☐G ☐D	.....min	........ml
....h....	☐G ☐D	.....min	........ml
....h....	☐G ☐D	.....min	........ml

Mon Sommeil

de ...h.... à ....h.... ....
de ...h.... à ....h.... ....
de ...h.... à ....h.... ....
de ...h.... à ....h.... ....
de ...h.... à ....h.... ....
de ...h.... à ....h.... ....
de ...h.... à ....h.... ....
de ...h.... à ....h.... ....

Mes Petites Notes

....
....
....
....
....
....
....
....
....

DATE :
… / … / ……

Humeur :

Activité / Moment de Bonheur:
....
....

Info importante du jour: ....

Mes Changes
Mouillé ☐☐☐☐☐☐☐
Selles ☐☐☐☐☐☐☐
(N: normal/ M: molle/ D: Dure/ ....)

Mes Soins/ Traitements
Crème ☐☐☐☐☐☐☐
Nez ☐ Yeux ☐ Vitamine ☐ ....☐
Bain ☐ Shampoing ☐ ....☐

....
….h….:
….h….:
….h….:

Mon Allaitement
Heure	Seins G/D	Durée	Biberon
….h….	☐G ☐D	…..min	……..ml
….h….	☐G ☐D	…..min	……..ml
….h….	☐G ☐D	…..min	……..ml
….h….	☐G ☐D	…..min	……..ml
….h….	☐G ☐D	…..min	……..ml
….h….	☐G ☐D	…..min	……..ml
….h….	☐G ☐D	…..min	……..ml
….h….	☐G ☐D	…..min	……..ml
….h….	☐G ☐D	…..min	……..ml
….h….	☐G ☐D	…..min	……..ml

Mon Sommeil
de ….h…. à ….h…. ....
de ….h…. à ….h…. ....
de ….h…. à ….h…. ....
de ….h…. à ….h…. ....
de ….h…. à ….h…. ....
de ….h…. à ….h…. ....
de ….h…. à ….h…. ....
de ….h…. à ….h…. ....

Mes Petites Notes
....
....
....
....
....
....
....
....

DATE :
... / ... / ......

Humeur :

Activité / Moment de Bonheur:
....
....

Info importante du jour: ....

Mes Changes

Mouillé ☐☐☐☐☐☐☐☐
Selles ☐☐☐☐☐☐☐☐
(N: normal/ M:molle/D:Dure/ ....)

Mes Soins/ Traitements

Crème ☐☐☐☐☐☐☐
Nez ☐ Yeux ☐ Vitamine ☐ .... ☐
Bain ☐ Shampoing ☐ .... ☐

....
....h....: ....
....h....: ....
....h....: ....

Mon Allaitement

Heure	Seins G/D	Durée	Biberon
....h....	☐G ☐D	.....min	........ml
....h....	☐G ☐D	.....min	........ml
....h....	☐G ☐D	.....min	........ml
....h....	☐G ☐D	.....min	........ml
....h....	☐G ☐D	.....min	........ml
....h....	☐G ☐D	.....min	........ml
....h....	☐G ☐D	.....min	........ml
....h....	☐G ☐D	.....min	........ml
....h....	☐G ☐D	.....min	........ml
....h....	☐G ☐D	.....min	........ml

Mon Sommeil

de ....h.... à ....h.... ....
de ....h.... à ....h.... ....
de ....h.... à ....h.... ....
de ....h.... à ....h.... ....
de ....h.... à ....h.... ....
de ....h.... à ....h.... ....
de ....h.... à ....h.... ....
de ....h.... à ....h.... ....

Mes Petites Notes

....
....
....
....
....
....
....
....
....

DATE :
.... / .... / ......

Humeur : ☀️ ☁️ ⛈️ 🌙

Activité / Moment de Bonheur:
....
....

Info importante du jour: ....

Mes Changes
Mouillé ☐☐☐☐☐☐☐☐
Selles ☐☐☐☐☐☐☐☐
(N: normal/ M: molle/ D: Dure/ ....)

Mes Soins/ Traitements
Crème ☐☐☐☐☐☐☐☐
Nez ☐ Yeux ☐ Vitamine ☐ .... ☐
Bain ☐ Shampoing ☐ .... ☐

....h....:
....h....:
....h....:

Mon Allaitement
Heure   Seins G/D   Durée   Biberon
....h.... ☐G ☐D .....min ....ml
....h.... ☐G ☐D .....min ....ml
....h.... ☐G ☐D .....min ....ml
....h.... ☐G ☐D .....min ....ml
....h.... ☐G ☐D .....min ....ml
....h.... ☐G ☐D .....min ....ml
....h.... ☐G ☐D .....min ....ml
....h.... ☐G ☐D .....min ....ml
....h.... ☐G ☐D .....min ....ml
....h.... ☐G ☐D .....min ....ml

Mon Sommeil
de ....h.... à ....h.... ....
de ....h.... à ....h.... ....
de ....h.... à ....h.... ....
de ....h.... à ....h.... ....
de ....h.... à ....h.... ....
de ....h.... à ....h.... ....
de ....h.... à ....h.... ....
de ....h.... à ....h.... ....

Mes Petites Notes
....
....
....
....
....
....
....
....

DATE :
… / … / ……

Humeur :
Activité / Moment de Bonheur:
....
....

Info importante du jour: ....

Mes Changes
Mouillé ☐☐☐☐☐☐☐
Selles ☐☐☐☐☐☐☐
(N: normal/ M:molle/D:Dure/ ....)

Mes Soins/ Traitements
Crème ☐☐☐☐☐☐☐☐
Nez ☐ Yeux ☐ Vitamine ☐ .... ☐
Bain ☐ Shampoing ☐ .... ☐

....
…h…. :
…h…. :
…h…. :

Mon Allaitement
Heure   Seins G/D   Durée   Biberon
….h….   ☐G ☐D   …..min   ……..ml
….h….   ☐G ☐D   …..min   ……..ml
….h….   ☐G ☐D   …..min   ……..ml
….h….   ☐G ☐D   …..min   ……..ml
….h….   ☐G ☐D   …..min   ……..ml
….h….   ☐G ☐D   …..min   ……..ml
….h….   ☐G ☐D   …..min   ……..ml
….h….   ☐G ☐D   …..min   ……..ml
….h….   ☐G ☐D   …..min   ……..ml
….h….   ☐G ☐D   …..min   ……..ml

Mon Sommeil
de …h…. à …h…. ....
de …h…. à …h…. ....
de …h…. à …h…. ....
de …h…. à …h…. ....
de …h…. à …h…. ....
de …h…. à …h…. ....
de …h…. à …h…. ....
de …h…. à …h…. ....

Mes Petites Notes
....
....
....
....
....
....
....
....

DATE : ... / ... / ......

Humeur :

Activité / Moment de Bonheur:
....
....

Info importante du jour: ....

Mes Changes

Mouillé ☐☐☐☐☐☐☐☐
Selles ☐☐☐☐☐☐☐☐
(N: normal/ M:molle/D:Dure/ ....)

Mes Soins/ Traitements

Crème ☐☐☐☐☐☐☐☐
Nez ☐ Yeux ☐ Vitamine ☐ .... ☐
Bain ☐ Shampoing ☐ .... ☐

....
....h....: ....
....h....: ....
....h....: ....

Mon Allaitement

Heure	Seins G/D	Durée	Biberon
....h....	☐G ☐D	.....min	........ml
....h....	☐G ☐D	.....min	........ml
....h....	☐G ☐D	.....min	........ml
....h....	☐G ☐D	.....min	........ml
....h....	☐G ☐D	.....min	........ml
....h....	☐G ☐D	.....min	........ml
....h....	☐G ☐D	.....min	........ml
....h....	☐G ☐D	.....min	........ml
....h....	☐G ☐D	.....min	........ml
....h....	☐G ☐D	.....min	........ml

Mon Sommeil

de ....h.... à ....h.... ....
de ....h.... à ....h.... ....
de ....h.... à ....h.... ....
de ....h.... à ....h.... ....
de ....h.... à ....h.... ....
de ....h.... à ....h.... ....
de ....h.... à ....h.... ....
de ....h.... à ....h.... ....

Mes Petites Notes

....
....
....
....
....
....
....
....

DATE :
… / … / ……

Humeur :
Activité / Moment de Bonheur:
....
....

Info importante du jour: ....

Mes Changes
Mouillé ☐☐☐☐☐☐☐☐
Selles ☐☐☐☐☐☐☐☐
(N: normal/ M:molle/D:Dure/ ....)

Mes Soins/ Traitements
Crème ☐☐☐☐☐☐☐
Nez ☐ Yeux ☐ Vitamine ☐ .... ☐
Bain ☐ Shampoing ☐ .... ☐
....
....h....:
....h....:
....h....:

Mon Allaitement
Heure	Seins G/D	Durée	Biberon
....h....	☐G ☐D	.....min	........ml
....h....	☐G ☐D	.....min	........ml
....h....	☐G ☐D	.....min	........ml
....h....	☐G ☐D	.....min	........ml
....h....	☐G ☐D	.....min	........ml
....h....	☐G ☐D	.....min	........ml
....h....	☐G ☐D	.....min	........ml
....h....	☐G ☐D	.....min	........ml
....h....	☐G ☐D	.....min	........ml
....h....	☐G ☐D	.....min	........ml

Mon Sommeil
de ...h.... à ...h.... ....
de ...h.... à ...h.... ....
de ...h.... à ...h.... ....
de ...h.... à ...h.... ....
de ...h.... à ...h.... ....
de ...h.... à ...h.... ....
de ...h.... à ...h.... ....
de ...h.... à ...h.... ....

Mes Petites Notes
....
....
....
....
....
....
....
....

DATE :
.../ ... / ......

Humeur :

Activité / Moment de Bonheur:
....
....

Info importante du jour: ....

Mes Changes

Mouillé ☐☐☐☐☐☐☐
Selles ☐☐☐☐☐☐☐
(N: normal/ M:molle/D:Dure/ ....)

Mes Soins/ Traitements

Crème ☐☐☐☐☐☐☐
Nez ☐ Yeux ☐ Vitamine ☐ ....☐
Bain ☐ Shampoing ☐ ....☐

....
....h....: ....
....h....: ....
....h....: ....

Mon Allaitement

Heure	Seins G/D	Durée	Biberon
....h....	☐G ☐D	.....min	........ml
....h....	☐G ☐D	.....min	........ml
....h....	☐G ☐D	.....min	........ml
....h....	☐G ☐D	.....min	........ml
....h....	☐G ☐D	.....min	........ml
....h....	☐G ☐D	.....min	........ml
....h....	☐G ☐D	.....min	........ml
....h....	☐G ☐D	.....min	........ml
....h....	☐G ☐D	.....min	........ml
....h....	☐G ☐D	.....min	........ml

Mon Sommeil

de ....h.... à ....h.... ....
de ....h.... à ....h.... ....
de ....h.... à ....h.... ....
de ....h.... à ....h.... ....
de ....h.... à ....h.... ....
de ....h.... à ....h.... ....
de ....h.... à ....h.... ....
de ....h.... à ....h.... ....

Mes Petites Notes

....
....
....
....
....
....
....
....
....

DATE :
… / … / ……

Humeur :
Activité / Moment de Bonheur:
....
....

Info importante du jour: ....

Mes Changes

Mouillé ☐☐☐☐☐☐☐
Selles ☐☐☐☐☐☐☐
(N: normal/ M:molle/D:Dure/ ....)

Mes Soins/ Traitements

Crème ☐☐☐☐☐☐☐
Nez ☐ Yeux ☐ Vitamine ☐ .... ☐
Bain ☐ Shampoing ☐ .... ☐

....
….h…. :
….h…. :
….h…. :

Mon Allaitement

Heure	Seins G/D	Durée	Biberon
….h….	☐G ☐D	…..min	……..ml
….h….	☐G ☐D	…..min	……..ml
….h….	☐G ☐D	…..min	……..ml
….h….	☐G ☐D	…..min	……..ml
….h….	☐G ☐D	…..min	……..ml
….h….	☐G ☐D	…..min	……..ml
….h….	☐G ☐D	…..min	……..ml
….h….	☐G ☐D	…..min	……..ml
….h….	☐G ☐D	…..min	……..ml
….h….	☐G ☐D	…..min	……..ml

Mon Sommeil

de ….h…. à ….h…. ....
de ….h…. à ….h…. ....
de ….h…. à ….h…. ....
de ….h…. à ….h…. ....
de ….h…. à ….h…. ....
de ….h…. à ….h…. ....
de ….h…. à ….h…. ....
de ….h…. à ….h…. ....

Mes Petites Notes

....
....
....
....
....
....
....
....
....

DATE :
… / … / ……

Humeur :
Activité / Moment de Bonheur:
....
....

Info importante du jour: ....

Mes Changes
Mouillé ☐☐☐☐☐☐☐☐
Selles ☐☐☐☐☐☐☐☐
(N: normal/ M:molle/D:Dure/ ....)

Mes Soins/ Traitements
Crème ☐☐☐☐☐☐☐☐
Nez ☐ Yeux ☐ Vitamine ☐ .... ☐
Bain ☐ Shampoing ☐ .... ☐

….h….: ....
….h….: ....
….h….: ....

Mon Allaitement
Heure	Seins G/D	Durée	Biberon
….h….	☐G ☐D	…..min	……..ml
….h….	☐G ☐D	…..min	……..ml
….h….	☐G ☐D	…..min	……..ml
….h….	☐G ☐D	…..min	……..ml
….h….	☐G ☐D	…..min	……..ml
….h….	☐G ☐D	…..min	……..ml
….h….	☐G ☐D	…..min	……..ml
….h….	☐G ☐D	…..min	……..ml
….h….	☐G ☐D	…..min	……..ml
….h….	☐G ☐D	…..min	……..ml

Mon Sommeil
de ….h…. à ….h…. ....
de ….h…. à ….h…. ....
de ….h…. à ….h…. ....
de ….h…. à ….h…. ....
de ….h…. à ….h…. ....
de ….h…. à ….h…. ....
de ….h…. à ….h…. ....
de ….h…. à ….h…. ....

Mes Petites Notes
....
....
....
....
....
....
....
....

DATE :
… / … / ……

Humeur :
Activité / Moment de Bonheur:
....
....

Info importante du jour: ....

Mes Changes

Mouillé ☐☐☐☐☐☐☐
Selles ☐☐☐☐☐☐☐
(N: normal/ M:molle/D:Dure/ ....)

Mes Soins/ Traitements

Crème ☐☐☐☐☐☐☐
Nez ☐ Yeux ☐ Vitamine ☐ .... ☐
Bain ☐ Shampoing ☐ .... ☐

....
….h….:
….h….:
….h….:

Mon Allaitement

Heure	Seins G/D	Durée	Biberon
….h….	☐G ☐D	…..min	……..ml
….h….	☐G ☐D	…..min	……..ml
….h….	☐G ☐D	…..min	……..ml
….h….	☐G ☐D	…..min	……..ml
….h….	☐G ☐D	…..min	……..ml
….h….	☐G ☐D	…..min	……..ml
….h….	☐G ☐D	…..min	……..ml
….h….	☐G ☐D	…..min	……..ml
….h….	☐G ☐D	…..min	……..ml
….h….	☐G ☐D	…..min	……..ml

Mon Sommeil

de ….h…. à ….h…. ....
de ….h…. à ….h…. ....
de ….h…. à ….h…. ....
de ….h…. à ….h…. ....
de ….h…. à ….h…. ....
de ….h…. à ….h…. ....
de ….h…. à ….h…. ....
de ….h…. à ….h…. ....

Mes Petites Notes

....
....
....
....
....
....
....
....

DATE :
..... / ..... / ....

Humeur :
Activité / Moment de Bonheur:
....
....

Info importante du jour: ....

Mes Changes

Mouillé ☐☐☐☐☐☐☐☐
Selles ☐☐☐☐☐☐☐☐
(N: normal/ M: molle/D: Dure/ ....)

Mes Soins/ Traitements

Crème ☐☐☐☐☐☐☐☐
Nez ☐ Yeux ☐ Vitamine ☐ .... ☐
Bain ☐ Shampoing ☐ .... ☐

....
....h....: ....
....h....: ....
....h....: ....

Mon Allaitement

Heure	Seins G/D	Durée	Biberon
....h....	☐G ☐D	.....min	........ml
....h....	☐G ☐D	.....min	........ml
....h....	☐G ☐D	.....min	........ml
....h....	☐G ☐D	.....min	........ml
....h....	☐G ☐D	.....min	........ml
....h....	☐G ☐D	.....min	........ml
....h....	☐G ☐D	.....min	........ml
....h....	☐G ☐D	.....min	........ml
....h....	☐G ☐D	.....min	........ml
....h....	☐G ☐D	.....min	........ml

Mon Sommeil

de ....h.... à ....h.... ....
de ....h.... à ....h.... ....
de ....h.... à ....h.... ....
de ....h.... à ....h.... ....
de ....h.... à ....h.... ....
de ....h.... à ....h.... ....
de ....h.... à ....h.... ....
de ....h.... à ....h.... ....

Mes Petites Notes

....
....
....
....
....
....
....
....
....

DATE :
..... / ..... / ....

Humeur :
Activité / Moment de Bonheur:
....
....

Info importante du jour: ....

Mes Changes
Mouillé ☐☐☐☐☐☐☐☐
Selles ☐☐☐☐☐☐☐☐
(N: normal/ M:molle/D:Dure/ ....)

Mes Soins/ Traitements
Crème ☐☐☐☐☐☐☐☐
Nez ☐ Yeux ☐ Vitamine ☐ ....☐
Bain ☐ Shampoing ☐ ....☐
....
....h....:
....h....:
....h....:

Mon Allaitement
Heure	Seins G/D	Durée	Biberon
....h....	☐G ☐D	.....min	........ml
....h....	☐G ☐D	.....min	........ml
....h....	☐G ☐D	.....min	........ml
....h....	☐G ☐D	.....min	........ml
....h....	☐G ☐D	.....min	........ml
....h....	☐G ☐D	.....min	........ml
....h....	☐G ☐D	.....min	........ml
....h....	☐G ☐D	.....min	........ml
....h....	☐G ☐D	.....min	........ml
....h....	☐G ☐D	.....min	........ml

Mon Sommeil
de ....h.... à ....h.... ....
de ....h.... à ....h.... ....
de ....h.... à ....h.... ....
de ....h.... à ....h.... ....
de ....h.... à ....h.... ....
de ....h.... à ....h.... ....
de ....h.... à ....h.... ....
de ....h.... à ....h.... ....

Mes Petites Notes
....
....
....
....
....
....
....
....

DATE :
.... / .... / ......

Humeur :

Activité / Moment de Bonheur:
....
....

Info importante du jour: ....

Mes Changes
Mouillé ☐☐☐☐☐☐☐
Selles ☐☐☐☐☐☐☐
(N: normal/ M:molle/D:Dure/ ....)

Mes Soins/ Traitements
Crème ☐☐☐☐☐☐☐
Nez ☐ Yeux ☐ Vitamine ☐ .... ☐
Bain ☐ Shampoing ☐ .... ☐

....
....h....: ....
....h....: ....
....h....: ....

Mon Allaitement
Heure   Seins G/D   Durée   Biberon
....h....   ☐G ☐D   .....min   ....ml
....h....   ☐G ☐D   .....min   ....ml
....h....   ☐G ☐D   .....min   ....ml
....h....   ☐G ☐D   .....min   ....ml
....h....   ☐G ☐D   .....min   ....ml
....h....   ☐G ☐D   .....min   ....ml
....h....   ☐G ☐D   .....min   ....ml
....h....   ☐G ☐D   .....min   ....ml
....h....   ☐G ☐D   .....min   ....ml
....h....   ☐G ☐D   .....min   ....ml

Mon Sommeil
de ....h.... à ....h.... ....
de ....h.... à ....h.... ....
de ....h.... à ....h.... ....
de ....h.... à ....h.... ....
de ....h.... à ....h.... ....
de ....h.... à ....h.... ....
de ....h.... à ....h.... ....
de ....h.... à ....h.... ....

Mes Petites Notes
....
....
....
....
....
....
....
....

DATE :
… / … / ……

Humeur : ☀️ 🌧️ ⛈️ 🌙

Activité / Moment de Bonheur:
....
....

Info importante du jour: ....

Mes Changes

Mouillé ☐☐☐☐☐☐☐
Selles ☐☐☐☐☐☐☐
(N: normal/ M: molle/ D: Dure/ ....)

Mes Soins/ Traitements

Crème ☐☐☐☐☐☐☐
Nez ☐ Yeux ☐ Vitamine ☐ .... ☐
Bain ☐ Shampoing ☐ .... ☐

....
…h…: ....
…h…: ....
…h…: ....

Mon Allaitement

Heure	Seins G/D	Durée	Biberon
…h…	☐G ☐D	…..min	……..ml
…h…	☐G ☐D	…..min	……..ml
…h…	☐G ☐D	…..min	……..ml
…h…	☐G ☐D	…..min	……..ml
…h…	☐G ☐D	…..min	……..ml
…h…	☐G ☐D	…..min	……..ml
…h…	☐G ☐D	…..min	……..ml
…h…	☐G ☐D	…..min	……..ml
…h…	☐G ☐D	…..min	……..ml
…h…	☐G ☐D	…..min	……..ml
…h…	☐G ☐D	…..min	……..ml

Mon Sommeil

de …h… à …h… ....
de …h… à …h… ....
de …h… à …h… ....
de …h… à …h… ....
de …h… à …h… ....
de …h… à …h… ....
de …h… à …h… ....
de …h… à …h… ....

Mes Petites Notes

....
....
....
....
....
....
....
....
....

DATE : ... / ... / ......

Humeur : ☀️ ☁️ ⛈️ 🌙

Activité / Moment de Bonheur:
....
....

Info importante du jour: ....

Mes Changes

Mouillé ☐☐☐☐☐☐☐
Selles ☐☐☐☐☐☐☐
(N: normal/ M: molle/D: Dure/ ....)

Mes Soins/ Traitements

Crème ☐☐☐☐☐☐☐
Nez ☐ Yeux ☐ Vitamine ☐ .... ☐
Bain ☐ Shampoing ☐ .... ☐

....
....h....: ....
....h....: ....
....h....: ....

Mon Allaitement

Heure	Seins G/D	Durée	Biberon
....h....	☐G ☐D	.....min	........ml
....h....	☐G ☐D	.....min	........ml
....h....	☐G ☐D	.....min	........ml
....h....	☐G ☐D	.....min	........ml
....h....	☐G ☐D	.....min	........ml
....h....	☐G ☐D	.....min	........ml
....h....	☐G ☐D	.....min	........ml
....h....	☐G ☐D	.....min	........ml
....h....	☐G ☐D	.....min	........ml
....h....	☐G ☐D	.....min	........ml

Mon Sommeil

de ....h.... à ....h.... ....
de ....h.... à ....h.... ....
de ....h.... à ....h.... ....
de ....h.... à ....h.... ....
de ....h.... à ....h.... ....
de ....h.... à ....h.... ....
de ....h.... à ....h.... ....
de ....h.... à ....h.... ....

Mes Petites Notes

....
....
....
....
....
....
....
....

DATE :
… / … / ……

Humeur :
Activité / Moment de Bonheur:
....
....

Info importante du jour: ....

Mes Changes

Mouillé ☐☐☐☐☐☐☐
Selles ☐☐☐☐☐☐☐
(N: normal/ M:molle/D:Dure/ ....)

Mes Soins/ Traitements

Crème ☐☐☐☐☐☐☐☐
Nez ☐ Yeux ☐ Vitamine ☐ .... ☐
Bain ☐ Shampoing ☐ .... ☐

....
…h…. :
…h…. :
…h…. :

Mon Allaitement

Heure	Seins G/D	Durée	Biberon
…h…	☐G ☐D	…..min	……..ml
…h…	☐G ☐D	…..min	……..ml
…h…	☐G ☐D	…..min	……..ml
…h…	☐G ☐D	…..min	……..ml
…h…	☐G ☐D	…..min	……..ml
…h…	☐G ☐D	…..min	……..ml
…h…	☐G ☐D	…..min	……..ml
…h…	☐G ☐D	…..min	……..ml
…h…	☐G ☐D	…..min	……..ml
…h…	☐G ☐D	…..min	……..ml

Mon Sommeil

de …h…. à …h…. ....
de …h…. à …h…. ....
de …h…. à …h…. ....
de …h…. à …h…. ....
de …h…. à …h…. ....
de …h…. à …h…. ....
de …h…. à …h…. ....
de …h…. à …h…. ....

Mes Petites Notes

....
....
....
....
....
....
....
....

DATE : ..... / ..... / ....

Humeur :

Activité / Moment de Bonheur:
....
....

Info importante du jour: ....

Mes Changes

Mouillé ☐☐☐☐☐☐☐☐
Selles ☐☐☐☐☐☐☐☐
(N: normal/ M:molle/D:Dure/ ....)

Mes Soins/ Traitements

Crème ☐☐☐☐☐☐☐☐
Nez ☐ Yeux ☐ Vitamine ☐ ....☐
Bain ☐ Shampoing ☐ ....☐

....
....h....:
....h....:
....h....: ....

Mon Allaitement

Heure	Seins G/D	Durée	Biberon
....h....	☐G ☐D	.....min	........ml
....h....	☐G ☐D	.....min	........ml
....h....	☐G ☐D	.....min	........ml
....h....	☐G ☐D	.....min	........ml
....h....	☐G ☐D	.....min	........ml
....h....	☐G ☐D	.....min	........ml
....h....	☐G ☐D	.....min	........ml
....h....	☐G ☐D	.....min	........ml
....h....	☐G ☐D	.....min	........ml
....h....	☐G ☐D	.....min	........ml

Mon Sommeil

de ....h.... à ....h.... ....
de ....h.... à ....h.... ....
de ....h.... à ....h.... ....
de ....h.... à ....h.... ....
de ....h.... à ....h.... ....
de ....h.... à ....h.... ....
de ....h.... à ....h.... ....
de ....h.... à ....h.... ....

Mes Petites Notes

....
....
....
....
....
....
....
....

DATE :
.. / ... / ......

Humeur :
Activité / Moment de Bonheur:
....
....

Info importante du jour: ....

Mes Changes

Mouillé ☐☐☐☐☐☐☐☐
Selles ☐☐☐☐☐☐☐☐
(N: normal/ M:molle/ D:Dure/ ....)

Mes Soins/ Traitements

Crème ☐☐☐☐☐☐☐☐
Nez ☐ Yeux ☐ Vitamine ☐ .... ☐
Bain ☐ Shampoing ☐ .... ☐

....
....h....:
....h....:
....h....:

Mon Allaitement

Heure	Seins G/D	Durée	Biberon
....h....	☐G ☐D	.....min	........ml
....h....	☐G ☐D	.....min	........ml
....h....	☐G ☐D	.....min	........ml
....h....	☐G ☐D	.....min	........ml
....h....	☐G ☐D	.....min	........ml
....h....	☐G ☐D	.....min	........ml
....h....	☐G ☐D	.....min	........ml
....h....	☐G ☐D	.....min	........ml
....h....	☐G ☐D	.....min	........ml
....h....	☐G ☐D	.....min	........ml

Mon Sommeil

de ...h.... à ....h.... ....
de ...h.... à ....h.... ....
de ...h.... à ....h.... ....
de ...h.... à ....h.... ....
de ...h.... à ....h.... ....
de ...h.... à ....h.... ....
de ...h.... à ....h.... ....
de ...h.... à ....h.... ....

Mes Petites Notes

....
....
....
....
....
....
....
....

DATE :
.... / .... / ......

Humeur :
Activité / Moment de Bonheur:
....
....

Info importante du jour: ....

Mes Changes
Mouillé ☐☐☐☐☐☐☐
Selles ☐☐☐☐☐☐☐
(N: normal/ M:molle/D:Dure/ ....)

Mes Soins/ Traitements
Crème ☐☐☐☐☐☐☐
Nez ☐ Yeux ☐ Vitamine ☐ ....☐
Bain ☐ Shampoing ☐ ....☐

....
....h....: ....
....h....: ....
....h....: ....

Mon Allaitement
Heure	Seins G/D	Durée	Biberon
....h....	☐G ☐D	.....min	........ml
....h....	☐G ☐D	.....min	........ml
....h....	☐G ☐D	.....min	........ml
....h....	☐G ☐D	.....min	........ml
....h....	☐G ☐D	.....min	........ml
....h....	☐G ☐D	.....min	........ml
....h....	☐G ☐D	.....min	........ml
....h....	☐G ☐D	.....min	........ml
....h....	☐G ☐D	.....min	........ml
....h....	☐G ☐D	.....min	........ml
....h....	☐G ☐D	.....min	........ml

Mon Sommeil
de ....h.... à ....h.... ....
de ....h.... à ....h.... ....
de ....h.... à ....h.... ....
de ....h.... à ....h.... ....
de ....h.... à ....h.... ....
de ....h.... à ....h.... ....
de ....h.... à ....h.... ....
de ....h.... à ....h.... ....

Mes Petites Notes
....
....
....
....
....
....
....
....
....

DATE :
… / … / ……

Humeur :
Activité / Moment de Bonheur:
....
....

Info importante du jour: ....

Mes Changes

Mouillé ☐☐☐☐☐☐☐☐
Selles ☐☐☐☐☐☐☐☐
(N: normal/ M:molle/D:Dure/ ....)

Mes Soins/ Traitements

Crème ☐☐☐☐☐☐☐☐
Nez ☐ Yeux ☐ Vitamine ☐ .... ☐
Bain ☐ Shampoing ☐ .... ☐

....
….h….:
….h….:
….h….:

Mon Allaitement

Heure	Seins G/D	Durée	Biberon
….h….	☐G ☐D	…..min	……..ml
….h….	☐G ☐D	…..min	……..ml
….h….	☐G ☐D	…..min	……..ml
….h….	☐G ☐D	…..min	……..ml
….h….	☐G ☐D	…..min	……..ml
….h….	☐G ☐D	…..min	……..ml
….h….	☐G ☐D	…..min	……..ml
….h….	☐G ☐D	…..min	……..ml
….h….	☐G ☐D	…..min	……..ml
….h….	☐G ☐D	…..min	……..ml

Mon Sommeil

de ….h…. à ….h…. ....
de ….h…. à ….h…. ....
de ….h…. à ….h…. ....
de ….h…. à ….h…. ....
de ….h…. à ….h…. ....
de ….h…. à ….h…. ....
de ….h…. à ….h…. ....
de ….h…. à ….h…. ....

Mes Petites Notes

....
....
....
....
....
....
....
....

DATE :
... / ... / ......

Humeur :
Activité / Moment de Bonheur:
....
....

Info importante du jour: ....

Mes Changes

Mouillé ☐☐☐☐☐☐☐
Selles ☐☐☐☐☐☐☐
(N: normal/ M:molle/D:Dure/ ....)

Mes Soins/ Traitements

Crème ☐☐☐☐☐☐☐
Nez ☐ Yeux ☐ Vitamine ☐ .... ☐
Bain ☐ Shampoing ☐ .... ☐

....
....h....: ....
....h....: ....
....h....: ....

Mon Allaitement

Heure	Seins G/D	Durée	Biberon
....h....	☐G ☐D	.....min	........ml
....h....	☐G ☐D	.....min	........ml
....h....	☐G ☐D	.....min	........ml
....h....	☐G ☐D	.....min	........ml
....h....	☐G ☐D	.....min	........ml
....h....	☐G ☐D	.....min	........ml
....h....	☐G ☐D	.....min	........ml
....h....	☐G ☐D	.....min	........ml
....h....	☐G ☐D	.....min	........ml
....h....	☐G ☐D	.....min	........ml

Mon Sommeil

de ....h.... à ....h.... ....
de ....h.... à ....h.... ....
de ....h.... à ....h.... ....
de ....h.... à ....h.... ....
de ....h.... à ....h.... ....
de ....h.... à ....h.... ....
de ....h.... à ....h.... ....
de ....h.... à ....h.... ....

Mes Petites Notes

....
....
....
....
....
....
....
....

DATE :
..... / ..... / ....

Humeur :
Activité / Moment de Bonheur:
....
....

Info importante du jour: ....

Mes Changes

Mouillé ☐☐☐☐☐☐☐☐
Selles ☐☐☐☐☐☐☐☐
(N: normal/ M:molle/D:Dure/ ....)

Mes Soins/ Traitements

Crème ☐☐☐☐☐☐☐
Nez ☐ Yeux ☐ Vitamine ☐ .... ☐
Bain ☐ Shampoing ☐ .... ☐

....
....h....:
....h....:
....h....:

Mon Allaitement

Heure	Seins G/D	Durée	Biberon
....h....	☐G ☐D	.....min	........ml
....h....	☐G ☐D	.....min	........ml
....h....	☐G ☐D	.....min	........ml
....h....	☐G ☐D	.....min	........ml
....h....	☐G ☐D	.....min	........ml
....h....	☐G ☐D	.....min	........ml
....h....	☐G ☐D	.....min	........ml
....h....	☐G ☐D	.....min	........ml
....h....	☐G ☐D	.....min	........ml
....h....	☐G ☐D	.....min	........ml

Mon Sommeil

de ....h.... à ....h.... ....
de ....h.... à ....h.... ....
de ....h.... à ....h.... ....
de ....h.... à ....h.... ....
de ....h.... à ....h.... ....
de ....h.... à ....h.... ....
de ....h.... à ....h.... ....
de ....h.... à ....h.... ....

Mes Petites Notes

....
....
....
....
....
....
....
....

DATE :
..... / ..... / ....

Humeur :

Activité / Moment de Bonheur:
....
....

Info importante du jour: ....

Mes Changes
Mouillé ☐☐☐☐☐☐☐☐
Selles ☐☐☐☐☐☐☐☐
(N: normal/ M:molle/D:Dure/ ....)

Mes Soins/ Traitements
Crème ☐☐☐☐☐☐☐☐
Nez ☐ Yeux ☐ Vitamine ☐ ....☐
Bain ☐ Shampoing ☐ ....☐
....
....h....:
....h....:
....h....:

Mon Allaitement
Heure	Seins G/D	Durée	Biberon
....h....	☐G ☐D	.....min	.......ml
....h....	☐G ☐D	.....min	.......ml
....h....	☐G ☐D	.....min	.......ml
....h....	☐G ☐D	.....min	.......ml
....h....	☐G ☐D	.....min	.......ml
....h....	☐G ☐D	.....min	.......ml
....h....	☐G ☐D	.....min	.......ml
....h....	☐G ☐D	.....min	.......ml
....h....	☐G ☐D	.....min	.......ml
....h....	☐G ☐D	.....min	.......ml

Mon Sommeil
de ....h.... à ....h.... ....
de ....h.... à ....h.... ....
de ....h.... à ....h.... ....
de ....h.... à ....h.... ....
de ....h.... à ....h.... ....
de ....h.... à ....h.... ....
de ....h.... à ....h.... ....
de ....h.... à ....h.... ....

Mes Petites Notes
....
....
....
....
....
....
....
....

DATE : ... / ... / ......

Humeur :

Activité / Moment de Bonheur:
....
....

Info importante du jour: ....

Mes Changes

Mouillé ☐☐☐☐☐☐☐
Selles ☐☐☐☐☐☐☐
(N: normal/ M:molle/D:Dure/ ....)

Mes Soins/ Traitements

Crème ☐☐☐☐☐☐☐☐
Nez ☐ Yeux ☐ Vitamine ☐ ....☐
Bain ☐ Shampoing ☐ ....☐

....
....h....:
....h....:
....h....:

Mon Allaitement

Heure	Seins G/D	Durée	Biberon
....h....	☐G ☐D	.....min	........mℓ
....h....	☐G ☐D	.....min	........mℓ
....h....	☐G ☐D	.....min	........mℓ
....h....	☐G ☐D	.....min	........mℓ
....h....	☐G ☐D	.....min	........mℓ
....h....	☐G ☐D	.....min	........mℓ
....h....	☐G ☐D	.....min	........mℓ
....h....	☐G ☐D	.....min	........mℓ
....h....	☐G ☐D	.....min	........mℓ
....h....	☐G ☐D	.....min	........mℓ

Mon Sommeil

de ....h.... à ....h.... ....
de ....h.... à ....h.... ....
de ....h.... à ....h.... ....
de ....h.... à ....h.... ....
de ....h.... à ....h.... ....
de ....h.... à ....h.... ....
de ....h.... à ....h.... ....
de ....h.... à ....h.... ....

Mes Petites Notes

....
....
....
....
....
....
....
....

DATE :
.... / .... / ......

Humeur : ☀ ☁ ⛈ 🌙

Activité / Moment de Bonheur:
....
....

Info importante du jour: ....

Mes Changes

Mouillé ☐☐☐☐☐☐☐
Selles ☐☐☐☐☐☐☐
(N: normal/ M: molle/D: Dure/ ....)

Mes Soins/ Traitements

Crème ☐☐☐☐☐☐☐
Nez ☐ Yeux ☐ Vitamine ☐ .... ☐
Bain ☐ Shampoing ☐ .... ☐

....h....: ....
....h....: ....
....h....: ....

Mon Allaitement

Heure	Seins G/D	Durée	Biberon
....h....	☐G ☐D	.....min	........ml
....h....	☐G ☐D	.....min	........ml
....h....	☐G ☐D	.....min	........ml
....h....	☐G ☐D	.....min	........ml
....h....	☐G ☐D	.....min	........ml
....h....	☐G ☐D	.....min	........ml
....h....	☐G ☐D	.....min	........ml
....h....	☐G ☐D	.....min	........ml
....h....	☐G ☐D	.....min	........ml
....h....	☐G ☐D	.....min	........ml

Mon Sommeil

de ....h.... à ....h.... ....
de ....h.... à ....h.... ....
de ....h.... à ....h.... ....
de ....h.... à ....h.... ....
de ....h.... à ....h.... ....
de ....h.... à ....h.... ....
de ....h.... à ....h.... ....
de ....h.... à ....h.... ....

Mes Petites Notes

....
....
....
....
....
....
....
....

DATE :
... / ... / ......

Humeur :

Activité / Moment de Bonheur:
....
....

Info importante du jour: ....

Mes Changes
Mouillé ☐☐☐☐☐☐☐
Selles ☐☐☐☐☐☐☐
(N: normal/ M: molle/ D: Dure/ ....)

Mes Soins/ Traitements
Crème ☐☐☐☐☐☐☐
Nez ☐ Yeux ☐ Vitamine ☐ .... ☐
Bain ☐ Shampoing ☐ .... ☐
....
....h...: ....
....h...: ....
....h...: ....

Mon Allaitement
Heure   Seins G/D   Durée   Biberon
....h....   ☐G ☐D   .....min   ....ml
....h....   ☐G ☐D   .....min   ....ml
....h....   ☐G ☐D   .....min   ....ml
....h....   ☐G ☐D   .....min   ....ml
....h....   ☐G ☐D   .....min   ....ml
....h....   ☐G ☐D   .....min   ....ml
....h....   ☐G ☐D   .....min   ....ml
....h....   ☐G ☐D   .....min   ....ml
....h....   ☐G ☐D   .....min   ....ml
....h....   ☐G ☐D   .....min   ....ml
....h....   ☐G ☐D   .....min   ....ml

Mon Sommeil
de ....h.... à ....h.... ....
de ....h.... à ....h.... ....
de ....h.... à ....h.... ....
de ....h.... à ....h.... ....
de ....h.... à ....h.... ....
de ....h.... à ....h.... ....
de ....h.... à ....h.... ....
de ....h.... à ....h.... ....

Mes Petites Notes
....
....
....
....
....
....
....
....
....

DATE : ..../..../......

Humeur :

Activité / Moment de Bonheur:
....
....

Info importante du jour: ....

Mes Changes
Mouillé ☐☐☐☐☐☐☐
Selles ☐☐☐☐☐☐☐
(N: normal/ M:molle/D:Dure/ ....)

Mes Soins/ Traitements
Crème ☐☐☐☐☐☐☐
Nez ☐ Yeux ☐ Vitamine ☐ ....☐
Bain ☐ Shampoing ☐ ....☐

....
....h....: ....
....h....: ....
....h....: ....

Mon Allaitement
Heure	Seins G/D	Durée	Biberon
....h....	☐G ☐D	.....min	........ml
....h....	☐G ☐D	.....min	........ml
....h....	☐G ☐D	.....min	........ml
....h....	☐G ☐D	.....min	........ml
....h....	☐G ☐D	.....min	........ml
....h....	☐G ☐D	.....min	........ml
....h....	☐G ☐D	.....min	........ml
....h....	☐G ☐D	.....min	........ml
....h....	☐G ☐D	.....min	........ml
....h....	☐G ☐D	.....min	........ml

Mon Sommeil
de ....h.... à ....h.... ....
de ....h.... à ....h.... ....
de ....h.... à ....h.... ....
de ....h.... à ....h.... ....
de ....h.... à ....h.... ....
de ....h.... à ....h.... ....
de ....h.... à ....h.... ....
de ....h.... à ....h.... ....

Mes Petites Notes
....
....
....
....
....
....
....
....

DATE :
.... / .... / ......

Humeur :
Activité / Moment de Bonheur:
....
....

Info importante du jour: ....

Mes Changes

Mouillé ☐☐☐☐☐☐☐☐
Selles ☐☐☐☐☐☐☐☐
(N: normal/ M: molle/ D: Dure/ ....)

Mes Soins/ Traitements

Crème ☐☐☐☐☐☐☐☐
Nez ☐ Yeux ☐ Vitamine ☐ .... ☐
Bain ☐ Shampoing ☐ .... ☐

....
....h....:
....h....:
....h....:

Mon Allaitement

Heure	Seins G/D	Durée	Biberon
....h....	☐G ☐D	.....min	........ml
....h....	☐G ☐D	.....min	........ml
....h....	☐G ☐D	.....min	........ml
....h....	☐G ☐D	.....min	........ml
....h....	☐G ☐D	.....min	........ml
....h....	☐G ☐D	.....min	........ml
....h....	☐G ☐D	.....min	........ml
....h....	☐G ☐D	.....min	........ml
....h....	☐G ☐D	.....min	........ml
....h....	☐G ☐D	.....min	........ml

Mon Sommeil

de ....h.... à ....h.... ....
de ....h.... à ....h.... ....
de ....h.... à ....h.... ....
de ....h.... à ....h.... ....
de ....h.... à ....h.... ....
de ....h.... à ....h.... ....
de ....h.... à ....h.... ....
de ....h.... à ....h.... ....

Mes Petites Notes

....
....
....
....
....
....
....
....

DATE :
..... / ..... / ....

Humeur :

Activité / Moment de Bonheur:
....
....

Info importante du jour: ....

Mes Changes

Mouillé ☐☐☐☐☐☐☐
Selles ☐☐☐☐☐☐☐
(N: normal/ M:molle/D:Dure/ ....)

Mes Soins/ Traitements

Crème ☐☐☐☐☐☐☐
Nez ☐ Yeux ☐ Vitamine ☐ .... ☐
Bain ☐ Shampoing ☐ .... ☐

....h....: ....
....h....: ....
....h....: ....

Mon Allaitement

Heure	Seins G/D	Durée	Biberon
....h....	☐G ☐D	.....min	........ml
....h....	☐G ☐D	.....min	........ml
....h....	☐G ☐D	.....min	........ml
....h....	☐G ☐D	.....min	........ml
....h....	☐G ☐D	.....min	........ml
....h....	☐G ☐D	.....min	........ml
....h....	☐G ☐D	.....min	........ml
....h....	☐G ☐D	.....min	........ml
....h....	☐G ☐D	.....min	........ml
....h....	☐G ☐D	.....min	........ml

Mon Sommeil

de ....h.... à ....h.... ....
de ....h.... à ....h.... ....
de ....h.... à ....h.... ....
de ....h.... à ....h.... ....
de ....h.... à ....h.... ....
de ....h.... à ....h.... ....
de ....h.... à ....h.... ....
de ....h.... à ....h.... ....

Mes Petites Notes

....
....
....
....
....
....
....
....

DATE :
.... / .... / ......

Humeur :
Activité / Moment de Bonheur:
....
....

Info importante du jour: ....

Mes Changes
Mouillé ☐☐☐☐☐☐☐☐
Selles ☐☐☐☐☐☐☐☐
(N: normal/ M:molle/D:Dure/ ....)

Mes Soins/ Traitements
Crème ☐☐☐☐☐☐☐☐
Nez ☐ Yeux ☐ Vitamine ☐ .... ☐
Bain ☐ Shampoing ☐ .... ☐

....h....: ....
....h....: ....
....h....: ....

Mon Allaitement

Heure	Seins G/D	Durée	Biberon
....h....	☐G ☐D	.....min	........ml
....h....	☐G ☐D	.....min	........ml
....h....	☐G ☐D	.....min	........ml
....h....	☐G ☐D	.....min	........ml
....h....	☐G ☐D	.....min	........ml
....h....	☐G ☐D	.....min	........ml
....h....	☐G ☐D	.....min	........ml
....h....	☐G ☐D	.....min	........ml
....h....	☐G ☐D	.....min	........ml
....h....	☐G ☐D	.....min	........ml

Mon Sommeil

de ...h.... à ...h.... ....
de ...h.... à ...h.... ....
de ...h.... à ...h.... ....
de ...h.... à ...h.... ....
de ...h.... à ...h.... ....
de ...h.... à ...h.... ....
de ...h.... à ...h.... ....
de ...h.... à ...h.... ....

Mes Petites Notes

....
....
....
....
....
....
....
....

DATE : … / … / ……

Humeur :
Activité / Moment de Bonheur:
....
....

Info importante du jour: ....

Mes Changes
Mouillé ☐☐☐☐☐☐☐
Selles ☐☐☐☐☐☐☐
(N: normal/ M: molle/ D: Dure/ ....)

Mes Soins/ Traitements
Crème ☐☐☐☐☐☐☐
Nez ☐ Yeux ☐ Vitamine ☐ ……… ☐
Bain ☐ Shampoing ☐ ………………… ☐
....
….h…:
….h…:
….h…:

Mon Allaitement
Heure	Seins G/D	Durée	Biberon
…h…	☐G ☐D	…..min	…….ml
…h…	☐G ☐D	…..min	…….ml
…h…	☐G ☐D	…..min	…….ml
…h…	☐G ☐D	…..min	…….ml
…h…	☐G ☐D	…..min	…….ml
…h…	☐G ☐D	…..min	…….ml
…h…	☐G ☐D	…..min	…….ml
…h…	☐G ☐D	…..min	…….ml
…h…	☐G ☐D	…..min	…….ml
…h…	☐G ☐D	…..min	…….ml

Mon Sommeil
de ….h…. à ….h…. ……………
de ….h…. à ….h…. ……………
de ….h…. à ….h…. ……………
de ….h…. à ….h…. ……………
de ….h…. à ….h…. ……………
de ….h…. à ….h…. ……………
de ….h…. à ….h…. ……………
de ….h…. à ….h…. ……………

Mes Petites Notes
....
....
....
....
....
....
....
....

DATE :
.../ ... / ......

Humeur :
Activité / Moment de Bonheur:
....
....

Info importante du jour: ....

Mes Changes

Mouillé ☐☐☐☐☐☐☐
Selles ☐☐☐☐☐☐☐
(N: normal/ M:molle/D:Dure/ ....)

Mes Soins/ Traitements

Crème ☐☐☐☐☐☐☐
Nez ☐ Yeux ☐ Vitamine ☐ .... ☐
Bain ☐ Shampoing ☐ .... ☐

....
...h....:
...h....:
...h....:

Mon Allaitement

Heure	Seins G/D	Durée	Biberon
....h....	☐G ☐D	.....min	........ml
....h....	☐G ☐D	.....min	........ml
....h....	☐G ☐D	.....min	........ml
....h....	☐G ☐D	.....min	........ml
....h....	☐G ☐D	.....min	........ml
....h....	☐G ☐D	.....min	........ml
....h....	☐G ☐D	.....min	........ml
....h....	☐G ☐D	.....min	........ml
....h....	☐G ☐D	.....min	........ml
....h....	☐G ☐D	.....min	........ml

Mon Sommeil

de ....h.... à ....h.... ....
de ....h.... à ....h.... ....
de ....h.... à ....h.... ....
de ....h.... à ....h.... ....
de ....h.... à ....h.... ....
de ....h.... à ....h.... ....
de ....h.... à ....h.... ....
de ....h.... à ....h.... ....

Mes Petites Notes

....
....
....
....
....
....
....
....
....

DATE :
… / … / ……

Humeur :

Activité / Moment de Bonheur:
....
....

Info importante du jour: ....

Mes Changes

Mouillé ☐☐☐☐☐☐☐
Selles ☐☐☐☐☐☐☐
(N: normal/ M:molle/D:Dure/ ....)

Mes Soins/ Traitements

Crème ☐☐☐☐☐☐☐
Nez ☐ Yeux ☐ Vitamine ☐ .... ☐
Bain ☐ Shampoing ☐ .... ☐

....
….h….: ....
….h….: ....
….h….: ....

Mon Allaitement

Heure	Seins G/D	Durée	Biberon
….h….	☐G ☐D	…..min	……..ml
….h….	☐G ☐D	…..min	……..ml
….h….	☐G ☐D	…..min	……..ml
….h….	☐G ☐D	…..min	……..ml
….h….	☐G ☐D	…..min	……..ml
….h….	☐G ☐D	…..min	……..ml
….h….	☐G ☐D	…..min	……..ml
….h….	☐G ☐D	…..min	……..ml
….h….	☐G ☐D	…..min	……..ml
….h….	☐G ☐D	…..min	……..ml

Mon Sommeil

de ….h…. à ….h…. ....
de ….h…. à ….h…. ....
de ….h…. à ….h…. ....
de ….h…. à ….h…. ....
de ….h…. à ….h…. ....
de ….h…. à ….h…. ....
de ….h…. à ….h…. ....
de ….h…. à ….h…. ....

Mes Petites Notes

....
....
....
....
....
....
....
....
....

DATE :
… / … / ……

Humeur :
Activité / Moment de Bonheur:
....
....

Info importante du jour: ....

Mes Changes
Mouillé ☐☐☐☐☐☐☐
Selles ☐☐☐☐☐☐☐
(N: normal/ M: molle/ D: Dure/ ....)

Mes Soins/ Traitements
Crème ☐☐☐☐☐☐☐
Nez ☐ Yeux ☐ Vitamine ☐ ....☐
Bain ☐ Shampoing ☐ ....☐
....
….h….:
….h….:
….h….:

Mon Allaitement
Heure   Seins G/D   Durée   Biberon
….h….   ☐G ☐D   …..min   ……..ml
….h….   ☐G ☐D   …..min   ……..ml
….h….   ☐G ☐D   …..min   ……..ml
….h….   ☐G ☐D   …..min   ……..ml
….h….   ☐G ☐D   …..min   ……..ml
….h….   ☐G ☐D   …..min   ……..ml
….h….   ☐G ☐D   …..min   ……..ml
….h….   ☐G ☐D   …..min   ……..ml
….h….   ☐G ☐D   …..min   ……..ml
….h….   ☐G ☐D   …..min   ……..ml
….h….   ☐G ☐D   …..min   ……..ml

Mon Sommeil
de ….h…. à ….h…. ....
de ….h…. à ….h…. ....
de ….h…. à ….h…. ....
de ….h…. à ….h…. ....
de ….h…. à ….h…. ....
de ….h…. à ….h…. ....
de ….h…. à ….h…. ....
de ….h…. à ….h…. ....

Mes Petites Notes
....
....
....
....
....
....
....
....
....

DATE :
…. / …. / ……

Humeur :

Activité / Moment de Bonheur:
……………………………………………………
……………………………………………………

Info importante du jour: ……………………………………………………

Mes Changes
Mouillé ☐☐☐☐☐☐☐
Selles ☐☐☐☐☐☐☐
(N: normal/ M: molle/ D: Dure/ ……………)

Mes Soins/ Traitements
Crème ☐☐☐☐☐☐☐
Nez ☐ Yeux ☐ Vitamine ☐ ……… ☐
Bain ☐ Shampoing ☐ ……………… ☐

……………………………………………………
….h…:
….h…:
….h…:

Mon Allaitement

Heure	Seins G/D	Durée	Biberon
…h…	☐G ☐D	….min	…….ml
…h…	☐G ☐D	….min	…….ml
…h…	☐G ☐D	….min	…….ml
…h…	☐G ☐D	….min	…….ml
…h…	☐G ☐D	….min	…….ml
…h…	☐G ☐D	….min	…….ml
…h…	☐G ☐D	….min	…….ml
…h…	☐G ☐D	….min	…….ml
…h…	☐G ☐D	….min	…….ml
…h…	☐G ☐D	….min	…….ml

Mon Sommeil
de …h… à …h… ……………
de …h… à …h… ……………
de …h… à …h… ……………
de …h… à …h… ……………
de …h… à …h… ……………
de …h… à …h… ……………
de …h… à …h… ……………
de …h… à …h… ……………

Mes Petites Notes
……………………………………………………
……………………………………………………
……………………………………………………
……………………………………………………
……………………………………………………
……………………………………………………
……………………………………………………
……………………………………………………

DATE :
.... / .... / ......

Humeur :
Activité / Moment de Bonheur:
....
....

Info importante du jour: ....

Mes Changes

Mouillé ☐☐☐☐☐☐☐☐
Selles ☐☐☐☐☐☐☐☐
(N: normal/ M: molle/ D: Dure/ ....)

Mes Soins/ Traitements

Crème ☐☐☐☐☐☐☐☐
Nez ☐ Yeux ☐ Vitamine ☐ .... ☐
Bain ☐ Shampoing ☐ .... ☐

....
....h....: ....
....h....: ....
....h....: ....

Mon Allaitement

Heure	Seins G/D	Durée	Biberon
....h....	☐G ☐D	.....min	........ml
....h....	☐G ☐D	.....min	........ml
....h....	☐G ☐D	.....min	........ml
....h....	☐G ☐D	.....min	........ml
....h....	☐G ☐D	.....min	........ml
....h....	☐G ☐D	.....min	........ml
....h....	☐G ☐D	.....min	........ml
....h....	☐G ☐D	.....min	........ml
....h....	☐G ☐D	.....min	........ml
....h....	☐G ☐D	.....min	........ml

Mon Sommeil

de ....h.... à ....h.... ....
de ....h.... à ....h.... ....
de ....h.... à ....h.... ....
de ....h.... à ....h.... ....
de ....h.... à ....h.... ....
de ....h.... à ....h.... ....
de ....h.... à ....h.... ....
de ....h.... à ....h.... ....

Mes Petites Notes

....
....
....
....
....
....
....
....
....

DATE :
.... / .... / ......

Humeur :

Activité / Moment de Bonheur:
....
....

Info importante du jour: ....

Mes Changes

Mouillé ☐☐☐☐☐☐☐☐
Selles ☐☐☐☐☐☐☐☐
(N: normal/ M:molle/D:Dure/ ....)

Mes Soins/ Traitements

Crème ☐☐☐☐☐☐☐
Nez ☐ Yeux ☐ Vitamine ☐ .... ☐
Bain ☐ Shampoing ☐ .... ☐

....h....: ....
....h....: ....
....h....: ....

Mon Allaitement

Heure	Seins G/D	Durée	Biberon
....h....	☐G ☐D	.....min	........ml
....h....	☐G ☐D	.....min	........ml
....h....	☐G ☐D	.....min	........ml
....h....	☐G ☐D	.....min	........ml
....h....	☐G ☐D	.....min	........ml
....h....	☐G ☐D	.....min	........ml
....h....	☐G ☐D	.....min	........ml
....h....	☐G ☐D	.....min	........ml
....h....	☐G ☐D	.....min	........ml
....h....	☐G ☐D	.....min	........ml

Mon Sommeil

de ....h.... à ....h.... ....
de ....h.... à ....h.... ....
de ....h.... à ....h.... ....
de ....h.... à ....h.... ....
de ....h.... à ....h.... ....
de ....h.... à ....h.... ....
de ....h.... à ....h.... ....
de ....h.... à ....h.... ....

Mes Petites Notes

....
....
....
....
....
....
....
....

DATE :
… / … / ……

Humeur : ☀️ 🌧️ ⛈️ 🌙

Activité / Moment de Bonheur:
....
....

Info importante du jour: ....

Mes Changes

Mouillé ☐☐☐☐☐☐☐
Selles ☐☐☐☐☐☐☐
(N: normal/ M:molle/D:Dure/ ....)

Mes Soins/ Traitements

Crème ☐☐☐☐☐☐☐
Nez ☐ Yeux ☐ Vitamine ☐ ……… ☐
Bain ☐ Shampoing ☐ ……………… ☐

....
…h…: ....
…h…: ....
…h…: ....

Mon Allaitement

Heure	Seins G/D	Durée	Biberon
…h…	☐G ☐D	…..min	……..ml
…h…	☐G ☐D	…..min	……..ml
…h…	☐G ☐D	…..min	……..ml
…h…	☐G ☐D	…..min	……..ml
…h…	☐G ☐D	…..min	……..ml
…h…	☐G ☐D	…..min	……..ml
…h…	☐G ☐D	…..min	……..ml
…h…	☐G ☐D	…..min	……..ml
…h…	☐G ☐D	…..min	……..ml
…h…	☐G ☐D	…..min	……..ml

Mon Sommeil

de ….h…. à ….h…. ……………
de ….h…. à ….h…. ……………
de ….h…. à ….h…. ……………
de ….h…. à ….h…. ……………
de ….h…. à ….h…. ……………
de ….h…. à ….h…. ……………
de ….h…. à ….h…. ……………
de ….h…. à ….h…. ……………

Mes Petites Notes

....
....
....
....
....
....
....
....
....

DATE :
… / … / ……

Humeur :

Activité / Moment de Bonheur:
....
....

Info importante du jour: ....

Mes Changes

Mouillé ☐☐☐☐☐☐☐
Selles ☐☐☐☐☐☐☐
(N: normal/ M: molle/ D: Dure/ ....)

Mes Soins/ Traitements

Crème ☐☐☐☐☐☐☐
Nez ☐ Yeux ☐ Vitamine ☐ ....☐
Bain ☐ Shampoing ☐ ....☐

....
…h…:
…h…:
…h…:

Mon Allaitement

Heure	Seins G/D	Durée	Biberon
…h…	☐G ☐D	…..min	……..ml
…h…	☐G ☐D	…..min	……..ml
…h…	☐G ☐D	…..min	……..ml
…h…	☐G ☐D	…..min	……..ml
…h…	☐G ☐D	…..min	……..ml
…h…	☐G ☐D	…..min	……..ml
…h…	☐G ☐D	…..min	……..ml
…h…	☐G ☐D	…..min	……..ml
…h…	☐G ☐D	…..min	……..ml
…h…	☐G ☐D	…..min	……..ml

Mon Sommeil

de …h… à …h… ....
de …h… à …h… ....
de …h… à …h… ....
de …h… à …h… ....
de …h… à …h… ....
de …h… à …h… ....
de …h… à …h… ....
de …h… à …h… ....

Mes Petites Notes

....
....
....
....
....
....
....
....
....

DATE :
… / … / ……

Humeur :
Activité / Moment de Bonheur:
....
....

Info importante du jour: ....

Mes Changes

Mouillé ☐☐☐☐☐☐☐
Selles ☐☐☐☐☐☐☐
(N: normal/ M:molle/D:Dure/ ....)

Mes Soins/ Traitements

Crème ☐☐☐☐☐☐☐
Nez ☐ Yeux ☐ Vitamine ☐ .... ☐
Bain ☐ Shampoing ☐ .... ☐

....
…h… :
…h… :
…h… :

Mon Allaitement

Heure	Seins G/D	Durée	Biberon
…h…	☐G ☐D	…..min	……..ml
…h…	☐G ☐D	…..min	……..ml
…h…	☐G ☐D	…..min	……..ml
…h…	☐G ☐D	…..min	……..ml
…h…	☐G ☐D	…..min	……..ml
…h…	☐G ☐D	…..min	……..ml
…h…	☐G ☐D	…..min	……..ml
…h…	☐G ☐D	…..min	……..ml
…h…	☐G ☐D	…..min	……..ml
…h…	☐G ☐D	…..min	……..ml

Mon Sommeil

de …h… à …h… ....
de …h… à …h… ....
de …h… à …h… ....
de …h… à …h… ....
de …h… à …h… ....
de …h… à …h… ....
de …h… à …h… ....
de …h… à …h… ....

Mes Petites Notes

....
....
....
....
....
....
....
....
....

DATE :
.... / .... / ......

Humeur :

Activité / Moment de Bonheur:
....
....

Info importante du jour: ....

Mes Changes

Mouillé ☐☐☐☐☐☐☐
Selles ☐☐☐☐☐☐☐
(N: normal/ M:molle/D:Dure/ ....)

Mes Soins/ Traitements

Crème ☐☐☐☐☐☐☐
Nez ☐ Yeux ☐ Vitamine ☐ .... ☐
Bain ☐ Shampoing ☐ .... ☐

....
....h....: ....
....h....: ....
....h....: ....

Mon Allaitement

Heure	Seins G/D	Durée	Biberon
....h....	☐G ☐D	.....min	........ml
....h....	☐G ☐D	.....min	........ml
....h....	☐G ☐D	.....min	........ml
....h....	☐G ☐D	.....min	........ml
....h....	☐G ☐D	.....min	........ml
....h....	☐G ☐D	.....min	........ml
....h....	☐G ☐D	.....min	........ml
....h....	☐G ☐D	.....min	........ml
....h....	☐G ☐D	.....min	........ml
....h....	☐G ☐D	.....min	........ml

Mon Sommeil

de ....h.... à ....h.... ....
de ....h.... à ....h.... ....
de ....h.... à ....h.... ....
de ....h.... à ....h.... ....
de ....h.... à ....h.... ....
de ....h.... à ....h.... ....
de ....h.... à ....h.... ....
de ....h.... à ....h.... ....

Mes Petites Notes

....
....
....
....
....
....
....
....

DATE :
… / … / ……

Humeur :
Activité / Moment de Bonheur:
....
....

Info importante du jour: ....

Mes Changes

Mouillé ☐☐☐☐☐☐☐
Selles ☐☐☐☐☐☐☐
(N: normal/ M:molle/D:Dure/ ....)

Mes Soins/ Traitements

Crème ☐☐☐☐☐☐☐☐
Nez ☐ Yeux ☐ Vitamine ☐ .... ☐
Bain ☐ Shampoing ☐ .... ☐

....
….h….:
….h….:
….h….:

Mon Allaitement

Heure	Seins G/D	Durée	Biberon
….h….	☐G ☐D	…..min	……..ml
….h….	☐G ☐D	…..min	……..ml
….h….	☐G ☐D	…..min	……..ml
….h….	☐G ☐D	…..min	……..ml
….h….	☐G ☐D	…..min	……..ml
….h….	☐G ☐D	…..min	……..ml
….h….	☐G ☐D	…..min	……..ml
….h….	☐G ☐D	…..min	……..ml
….h….	☐G ☐D	…..min	……..ml
….h….	☐G ☐D	…..min	……..ml

Mon Sommeil

de ….h…. à ….h…. ....
de ….h…. à ….h…. ....
de ….h…. à ….h…. ....
de ….h…. à ….h…. ....
de ….h…. à ….h…. ....
de ….h…. à ….h…. ....
de ….h…. à ….h…. ....
de ….h…. à ….h…. ....

Mes Petites Notes

....
....
....
....
....
....
....
....
....

DATE :
… / … / ……

Humeur :

Activité / Moment de Bonheur:
....
....

Info importante du jour: ....

Mes Changes

Mouillé ☐☐☐☐☐☐☐
Selles ☐☐☐☐☐☐☐
(N: normal/ M: molle/ D: Dure/ ....)

Mes Soins/ Traitements

Crème ☐☐☐☐☐☐☐
Nez ☐ Yeux ☐ Vitamine ☐ .... ☐
Bain ☐ Shampoing ☐ .... ☐

....
….h…. :
….h…. :
….h…. :

Mon Allaitement

Heure	Seins G/D	Durée	Biberon
…h…	☐G ☐D	…min	…ml
…h…	☐G ☐D	…min	…ml
…h…	☐G ☐D	…min	…ml
…h…	☐G ☐D	…min	…ml
…h…	☐G ☐D	…min	…ml
…h…	☐G ☐D	…min	…ml
…h…	☐G ☐D	…min	…ml
…h…	☐G ☐D	…min	…ml
…h…	☐G ☐D	…min	…ml
…h…	☐G ☐D	…min	…ml

Mon Sommeil

de ….h…. à ….h…. ....
de ….h…. à ….h…. ....
de ….h…. à ….h…. ....
de ….h…. à ….h…. ....
de ….h…. à ….h…. ....
de ….h…. à ….h…. ....
de ….h…. à ….h…. ....
de ….h…. à ….h…. ....

Mes Petites Notes

....
....
....
....
....
....
....
....

DATE :
.../ ... / ......

Humeur :
Activité / Moment de Bonheur:
....
....

Info importante du jour: ....

Mes Changes

Mouillé ☐☐☐☐☐☐☐
Selles ☐☐☐☐☐☐☐
(N: normal/ M: molle/ D: Dure/ ....)

Mes Soins/ Traitements

Crème ☐☐☐☐☐☐☐
Nez ☐ Yeux ☐ Vitamine ☐ .... ☐
Bain ☐ Shampoing ☐ .... ☐

....
....h....:
....h....:
....h....:

Mon Allaitement

Heure	Seins G/D	Durée	Biberon
....h....	☐G ☐D	.....min	........ml
....h....	☐G ☐D	.....min	........ml
....h....	☐G ☐D	.....min	........ml
....h....	☐G ☐D	.....min	........ml
....h....	☐G ☐D	.....min	........ml
....h....	☐G ☐D	.....min	........ml
....h....	☐G ☐D	.....min	........ml
....h....	☐G ☐D	.....min	........ml
....h....	☐G ☐D	.....min	........ml
....h....	☐G ☐D	.....min	........ml

Mon Sommeil

de ....h.... à ....h.... ....
de ....h.... à ....h.... ....
de ....h.... à ....h.... ....
de ....h.... à ....h.... ....
de ....h.... à ....h.... ....
de ....h.... à ....h.... ....
de ....h.... à ....h.... ....
de ....h.... à ....h.... ....

Mes Petites Notes

....
....
....
....
....
....
....
....

DATE :
... / ... / ......

Humeur :

Activité / Moment de Bonheur:
....
....

Info importante du jour: ....

Mes Changes

Mouillé ☐☐☐☐☐☐☐☐
Selles ☐☐☐☐☐☐☐☐
(N: normal/ M:molle/D:Dure/ ....)

Mes Soins/ Traitements

Crème ☐☐☐☐☐☐☐☐
Nez ☐ Yeux ☐ Vitamine ☐ .... ☐
Bain ☐ Shampoing ☐ .... ☐

....h....: ....
....h....: ....
....h....: ....

Mon Allaitement

Heure	Seins G/D	Durée	Biberon
....h....	☐G ☐D	.....min	........ml
....h....	☐G ☐D	.....min	........ml
....h....	☐G ☐D	.....min	........ml
....h....	☐G ☐D	.....min	........ml
....h....	☐G ☐D	.....min	........ml
....h....	☐G ☐D	.....min	........ml
....h....	☐G ☐D	.....min	........ml
....h....	☐G ☐D	.....min	........ml
....h....	☐G ☐D	.....min	........ml
....h....	☐G ☐D	.....min	........ml

Mon Sommeil

de ....h.... à ....h.... ....
de ....h.... à ....h.... ....
de ....h.... à ....h.... ....
de ....h.... à ....h.... ....
de ....h.... à ....h.... ....
de ....h.... à ....h.... ....
de ....h.... à ....h.... ....
de ....h.... à ....h.... ....

Mes Petites Notes

....
....
....
....
....
....
....
....

DATE :
..... / ..... / ....

Humeur :
Activité / Moment de Bonheur:
....
....

Info importante du jour: ....

Mes Changes

Mouillé ☐☐☐☐☐☐☐☐
Selles ☐☐☐☐☐☐☐☐
(N: normal/ M:molle/ D:Dure/ ....)

Mes Soins/ Traitements

Crème ☐☐☐☐☐☐☐☐
Nez ☐ Yeux ☐ Vitamine ☐ .... ☐
Bain ☐ Shampoing ☐ .... ☐

....
....h....:
....h....:
....h....:

Mon Allaitement

Heure	Seins G/D	Durée	Biberon
....h....	☐G ☐D	.....min	........ml
....h....	☐G ☐D	.....min	........ml
....h....	☐G ☐D	.....min	........ml
....h....	☐G ☐D	.....min	........ml
....h....	☐G ☐D	.....min	........ml
....h....	☐G ☐D	.....min	........ml
....h....	☐G ☐D	.....min	........ml
....h....	☐G ☐D	.....min	........ml
....h....	☐G ☐D	.....min	........ml
....h....	☐G ☐D	.....min	........ml

Mon Sommeil

de ....h.... à ....h.... ....
de ....h.... à ....h.... ....
de ....h.... à ....h.... ....
de ....h.... à ....h.... ....
de ....h.... à ....h.... ....
de ....h.... à ....h.... ....
de ....h.... à ....h.... ....
de ....h.... à ....h.... ....

Mes Petites Notes

....
....
....
....
....
....
....
....

Printed in France by Amazon
Brétigny-sur-Orge, FR

16900543R00118